- DIPLOMICA -
BAND 24

Herausgegeben von Björn Bedey

Der Golfkrieg in den Medien

Ein Vergleich der Berichterstattung in den Nachrichtenmagazinen
"Der Spiegel" und "Profil"

von

Bernadette Kneidinger

Tectum Verlag
Marburg 2005

Die Reihe *diplomica* ist entstanden aus einer Zusammenarbeit der
Diplomarbeitenagentur *diplom.de* und dem *Tectum Verlag*.
Herausgegeben wird die Reihe von Björn Bedey.

Kneidinger, Bernadette:
Der Golfkrieg in den Medien. Ein Vergleich der Berichterstattung in den
Nachrichtenmagazinen "Der Spiegel" und "Profil"
diplomica, Band 24
/ von Bernadette Kneidinger
- Marburg : Tectum Verlag, 2005
ISBN 978-3-8288-8941-5

© Tectum Verlag

Tectum Verlag
Marburg 2005

DANKSAGUNG

An dieser Stelle gilt mein ausdrücklicher Dank meinen Eltern, die mir dieses Studium ermöglicht haben und in jeder noch so schwierigen Lebenssituation stets wie ein Fels in der Brandung hinter mir standen.
Weiters möchte ich mich auch bei meinem Betreuer Ao. Univ.-Prof. Dr. Hannes Haas bedanken, der mir durch seine individuelle Unterstützung und hilfreiche Tipps die erfolgreiche Realisierung dieser Arbeit ermöglicht hat.
Danke auch an Carina, mit der ich gemeinsam schon so manche Hürde des Studiums genommen habe, sowie an Katharina, Sabrina und Alfred, die stets ein offenes Ohr für meine Probleme hatten und mich immer wieder zum Weitermachen motiviert haben.

Für M. und D.

Inhaltsverzeichnis

I. EINLEITUNG 11

II. THEORETISCHER TEIL 14

1. Das Verhältnis Medien und Militär in Krisen- und Kriegszeiten: 14
   1.1. Definition von Krisen und die Funktion von Krisenkommunikation 14
   1.2. Die Geschichte der Kriegsberichterstattung 15
   1.3. Die Symbiose zwischen Medien und Militär in Kriegszeiten 17
      1.3.1. Profit der Medien in Kriegszeiten: 18
      1.3.2. Profit des Militärs in Kriegszeiten: 20

2. Die Rolle der Nachrichtenfaktoren in der Krisen- und Kriegsberichterstattung 24
   2.1. Nachrichtenfaktoren in der Auslandsberichterstattung: 28
      2.1.1. Aufgaben und Probleme der Auslandsberichterstattung 28
      2.1.2. Auslandsberichterstattung als Kommunikation über Krisen 29
      2.1.3. Kritik an der Nachrichtenauswahl in der Krisen- und Kriegsberichterstattung: 31

3. Wirklichkeitskonstruktion durch die Medien 33
   3.1. Was erwarten Rezipienten von der Krisen- und Kriegsberichterstattung: 34
   3.2. Verzerrte Wirklichkeitswahrnehmung durch Nachrichtenauswahl: 36
   3.3. Einfluss durch die medialen Präsentationstechniken 38
   3.4. Theorien zu den Folgen der medialen Wirklichkeitskonstruktion in der Kriegsberichterstattung 40

4. Journalismus und Zensur in Kriegszeiten 42
   4.1. Die Entwicklung der Zensurmaßnahmen 42
   4.2. Ziele von Zensurmaßnahmen: 43
   4.3. Formen von Zensur: 44
   4.4. Methoden um die Zensur zu umgehen: 45

4.5. Moderne Konzepte der Medienkontrolle in Kriegssituationen:. 46
    4.5.1. „Journalisten-Pools" 46
    4.5.2. „Embedded Journalists" 46
4.6. Exkurs: Die Risiken der Journalisten im Kriegsgebiet: 48
4.7. Problem der Selbstzensur in den Medien 49
    4.7.1. Der Einfluss der Rüstungsindustrie in die amerikanische Medienlandschaft 50
4.8. Zensur als Entschuldigung für schlechte Kriegsberichterstattung? 51

5. Propaganda 53
5.1. Entwicklung der Propaganda-Methoden 55
5.2. Propaganda als Gefahr für eine objektive Kriegsberichterstattung: 56
5.3. Medien als „Kriegsanheizer"? 56

6. Bedeutung und Funktionsweise stereotyper Systeme 58
6.1. Die Bedeutung der menschlichen Wahrnehmungsmechanismen für stereotype Systeme 58
    6.1.1. Wahrnehmung 58
    6.1.2. Wissen 59
    6.1.3. Einstellungen 59
6.2. Stereotype Systeme 62
    6.2.1. Image 65
    6.2.2. Stereotype 65
    6.2.3. Vorurteile 66
    6.2.4. Feindbilder 68
6.3. Stereotype und Feindbilder als Propagandamittel 71

7. Stereotype, Vorurteile und Feindbilder in der Krisen- und Kriegsberichterstattung: 74
7.1. Stereotype in der Berichterstattung 75
7.2. Feindbildkonstruktion durch die Medien 76
7.3. Das Feindbild Saddam Hussein 77
7.4. Die Funktion der Sprache bei der Feindbildkonstruktion 80
    7.4.1. Sprache und Wahrnehmung 80
    7.4.2. Sprachliche Mittel zur Konstruktion von Feindbildern 82
    7.4.3. Untersuchungen zur Feindbildkonstruktion im Golfkrieg 1991 85

III. EMPIRISCHER TEIL ... 89

1. Zentrale Forschungsfrage und Hypothesen ... 89

2. Untersuchungsdesign ... 97
2.1. Auswahl der Untersuchungsmethode ... 97
2.2. Auswahl des Untersuchungsmaterials ... 97
2.3. Untersuchungszeitraum ... 98
    2.3.1. Chronologie des Golfkonflikts 2002/2003 ... 99
2.4. Zähleinheit: ... 102

3. Datenauswertung ... 103
3.1. Datenbasis ... 103
3.2. Überprüfung Hypothese 1: ... 104
3.3. Überprüfung Hypothese 2: ... 115
3.4. Überprüfung Hypothese 3 + 4: ... 121
3.5. Überprüfung der Hypothese 5: ... 127
3.6. Überprüfung von Hypothese 6: ... 130
3.7. Überprüfung der Hypothese 7 ... 140

IV. SCHLUSSBETRACHTUNG ... 148

V. LITERATUR ... 152

VI. ANHANG ... 157

Tabellen- und Abbildungsverzeichnis:
Tabellen:
Tabelle 1: Beschreibung Hussein – USA 1991 87
Tabelle 2: Freund-Feind-Schema englischer Tageszeitungen 1991 . 88
Tabelle 3: Verteilung der journalistischen Gattungen innerhalb der untersuchten Artikel von „Spiegel" und „Profil" 103
Tabelle 4: Themenverteilung in den untersuchten Artikeln: 104
Tabelle 5: Handlungsträgernennung in den untersuchten Artikeln des "Spiegel" 108
Tabelle 6: Handlungsträgernennung in den untersuchten Artikeln aus "Profil" 112
Tabelle 7: Handlungsträgernennungen in "Spiegel" und "Profil"... 115
Tabelle 8: Verteilung der Bewertungsbereiche pro Handlungsträger 119
Tabelle 9: Bewertungsskala der untersuchten Artikel im „Spiegel" 123
Tabelle 10: Bewertungsskala in den untersuchten Artikeln von „Profil" 125
Tabelle 11: Durchschnittliche Anzahl kommentierter Bewertungsbereiche je journalistischer Gattung in „Spiegel" und „Profil" 128
Tabelle 12: Erwähnungen der irakischen und amerikanischen Kriegsziele 131
Tabelle 13: Anteil der Nennung von US-Kriegszielen in allen untersuchten „Spiegel"-Artikel 134
Tabelle 15: Anteil der expliziten Nennung von Kriegszielen des Irak in „Spiegel" und „Profil" 139
Tabelle 16: Schuldzuweisungen (insgesamt) an die Konfliktgegner in „Spiegel" und „Profil" 141
Tabelle 17: Einzelitems der Schuldzuweisungen an die Konfliktgegner in „Spiegel" und „Profil" 144
Tabelle 18: Einzelitems der Schuldzuweisungen über Opfer an die Konfliktgegner in „Spiegel" und „Profil" 146

Abbildungen:
Diagramm 1: Bewertungsindizes von „Spiegel" und „Profil" im Vergleich 126

Diagramm 2: Anteil der journalistischen Gattungen innerhalb der
untersuchten Artikel von „Spiegel" und „Profil" 127

I. Einleitung

Krisen und Kriege sind mediale Großereignisse, die in der Auslandsberichterstattung eine dominante Rolle spielen. Wie die daran beteiligten Politiker, Länder und Völker in der Weltöffentlichkeit wahrgenommen werden, hängt in großem Ausmaß von der medialen Darstellung ab, da persönliche Erfahrungen aufgrund der geographischen Distanz zum Geschehen meist nicht möglich sind.
Vor allem in unserer modernen Kommunikationsgesellschaft bekommen daher die Medien als die „vierte Gewalt" im Staat eine nicht zu unterschätzende Rolle für den Verlauf und die Einschätzung von politischen und militärischen Konflikten.
Dies hat jedoch auch zu Folge, dass Politiker und Militär im Laufe der 150-jährigen Kriegsberichterstattung ihre Zensur- und Propagandamethoden weiterentwickelt und an die veränderten Kommunikationstechnologien angepasst haben. Vorrangiges Ziel dieser Informationskontrolle der Medien war und ist es, negative Darstellungen der eigenen Gruppe bzw. Partei zu verhindern und gleichzeitig die Berichterstattung zur Verwirklichung eigener Interessen zu nutzen. Ein beliebtes Propagandamittel ist dabei die Verbreitung von Stereotypen, Vorurteilen und Feindbildern des Gegners, um ihn somit abzuwerten, seine Bekämpfung zu legitimieren und gleichzeitig die eigene Seite in ein positiveres Licht zu setzen.

Im Rahmen dieser Arbeit werden ich daher unter anderem die unterschiedlichen Möglichkeiten, wie Freund-Feind-Bilder Eingang in die mediale Berichterstattung finden, vorstellen. Dies kann einerseits durch die ungeprüfte Übernahme von vorgefertigten Propagandamaterialien durch die Journalisten erfolgen, oder andererseits indem Journalisten selbst durch eine einseitige Nachrichten- bzw. Bilderauswahl und/oder die Verwendung bestimmter sprachlicher Mittel, zur „Schwarz-Weiß-Wahrnehmung" eines Konflikts beitragen.

Der Aufbau meiner Arbeit erfolgt in zwei Teilen: Zunächst möchte ich im theoretischen Teil einerseits die Kennzeichen und Probleme der Kriegsberichterstattung und andererseits die Bedeutung von Stereotypen und Feindbildern als Propagandamittel erläutern. Diese beiden Bereiche stehen in einem engen Zusammenhang zueinander, da die spezielle Arbeitssituation für Journalisten in Kriegsgebieten sowie die Kennzeichen der Auslandsberichterstattung die Verbreitung von stereotypen Darstellungsweisen fördern.

Beginnen möchte ich daher diese Arbeit mit dem Verhältnis von Medien und Militär in Krisen- und Kriegszeiten und dabei auf die Vor- und Nachteile dieser „wirkungsvollen Symbiose" eingehen (Kapitel 1).

Kapitel 2 und Kapitel 3 stehen in einem engen Zusammenhang und behandeln die Nachrichtenfaktoren sowie die Wirklichkeitskonstruktion der Medien. Hier soll speziell auf die Bedeutung der medialen Nachrichtenauswahl und -darstellung für die Wahrnehmung von Krisen und Kriegen eingegangen werden.

Kapitel 4 und 5 stellen schließlich die unterschiedlichen Erscheinungsformen und Konsequenzen von Zensur und Propaganda in der Kriegsberichterstattung vor. Diese beiden Kapitel sollen einen Überblick über die Entwicklung der unterschiedlichen Methoden der Informationskontrolle und Informationssteuerung geben, wobei dies schon in Hinblick auf die grundlegenden Vorbedingungen für die wirkungsvolle Verbreitung von Feindbildern geschehen soll.

In Kapitel 6 gehe ich schließlich genauer auf Stereotype, Vorurteile und Feindbilder ein. Hier erfolgt zunächst ein kurzer Exkurs über die Grundlagen der menschlichen Wahrnehmung und der damit verbundenen Bedeutung von Einstellungen, da dies für das Verständnis der Funktionsweise stereotyper Systeme unablässig ist. Anschließend werden die Charakteristika und Funktionsweisen stereotyper Systeme näher erläutert.

In Kapitel 7 untersuche ich schließlich, auf welche Weise Feindbilder Eingang in die mediale Berichterstattung finden bzw. versuche einen Überblick über sprachliche Mittel, die zur Konstruktion von Feindbildern beitragen können, zu geben.

Der zweite große Teil meiner Arbeit erfolgt in Form einer empirischen Analyse. Im Rahmen einer quantitativen Inhaltsanalyse soll überprüft werden, in welchem Ausmaß die politischen Nachrichtenmagazine „Spiegel" und „Profil" in der Berichterstattung über den Golfkonflikt 2002/2003 Stereotype bzw. Feindbilder vermittelt haben.

Durch den Vergleich der beiden Magazine möchte ich zudem untersuchen, ob sich die unterschiedlich stark ausgeprägte Anti-Kriegspositionierung der deutschen und österreichischen Regierung auch in der Berichterstattung von „Spiegel" und „Profil" ausdrückt, d.h. ob „Spiegel" die USA und ihren Kriegseinsatz negativer darstellt als das österreichische Nachrichtenmagazin.

II. THEORETISCHER TEIL

1. Das Verhältnis Medien und Militär in Krisen- und Kriegszeiten:

1.1. Definition von Krisen und die Funktion von Krisenkommunikation

Krisen und Kriege sind Ereignisse, die seit jeher bei Völkern unterschiedlichster Religion, Rasse und Kultur großes Interesse hervorrufen. Die Menschen versuchen in solchen Situationen durch zusätzliche Informationen ihre Verunsicherung, die Krisen durch die Gefährdung allgemeiner Werte bzw. der Gesellschaft insgesamt hervorrufen, zu reduzieren.

Nikolas Luhmann definiert daher Krisen aus systemtheoretischer Sicht folgendermaßen:
„Krisen sind unerwartete, thematisch nicht vorbereitete Bedrohungen nicht nur einzelner Werte, sondern des Systembestandes mit seinem eingelebten Anspruchsniveau. Sie stimulieren und sammeln Aufmerksamkeit dadurch, dass sie den Erfüllungsstand zahlreicher Werte diffus, unbestimmt und unter Zeitdruck gefährden." (Luhmann 1979: 39, zit. nach: Löffelholz 1993: 11)

Krisen sind somit keine punktuellen Ereignisse, sondern erstrecken sich meist über einen längeren Zeitraum. Im Extremfall spitzen sich Krisen schließlich zu Kriegen zu.

Die Aufgabe der Medien besteht daher in Krisen- und Kriegszeiten in erster Linie darin, dem erhöhten Orientierungsbedürfnis der Menschen durch eine informative Berichterstattung entgegenzukommen und auf diese Weise den Grad der gesellschaftlichen Verunsicherung zu reduzieren.
Krisenkommunikation soll daher in Bezug auf Dombrowsky als ein Diskursverfahren verstanden werden, dass sich „nicht auf zukünftige, sondern auf gegenwärtige, akut ausgelöste oder chronisch schwelende krisenhafte Ereignisse" bezieht. (Dombrowsky 1991: 1)

Prinzipiell kann man von zwei Hauptaufgaben ausgehen, welche die Kommunikation über Krisen erfüllen kann bzw. soll:
1. Krisenbewältigungsaufgabe: Krisenkommunikation soll durch eine umfassende Informationspolitik zur psycho-sozialen Schadensbewältigung und zur Verhinderung von Folgeschäden beitragen.

2. Akzeptanz- und Legitimationsaufgabe: Krisenkommunikation soll die nicht bestehende oder in Frage stehende Loyalität der an der Krise Beteiligten wiederherstellen.
(vgl. Dombrowsky 1991: 6ff)

Besonders die zweite Funktion von Krisenkommunikation erinnert stark an Public-Relations-Strategien, bei denen versucht wird, durch bewusste Information über die Krise gewisse Kommunikationsziele beim Rezipienten zu erreichen. Inwieweit derartige PR-Methoden der kriegsführenden Parteien mit einer objektiven Berichterstattung zu vereinbaren sind, lässt sich vor allem aus medienethischer Sicht stark in Frage stellen.

1.2. Die Geschichte der Kriegsberichterstattung

Da eine detaillierte Darstellung der historischen Entwicklung der Kriegsberichterstattung über das Thema meiner Arbeit hinausführen würde, möchte ich im Folgenden nur gezielt einige Ereignisse herausgreifen, die das Verhältnis zwischen Medien und Militär bis heute geprägt haben und daher für das Verständnis der modernen Zensur- und Propagandamethoden wichtig sind.

Auch wenn es schon immer jemanden gab, der über die blutigen Kämpfe und Schlachten unterschiedlichster Konflikte berichtet hat, so kann man von Kriegsberichterstattern im heutigen Sinn erst ab der zweiten Hälfte des 19. Jahrhunderts sprechen.
Der erste Journalist, der tatsächlich als Kriegsberichterstatter bezeichnet wurde, war der englische Reporter Howard Russell. Er und einige englische und französische Kollegen berichteten über Belagerungen und Kampfhandlungen im Krimkrieg (1853-1856), der schließlich als der erste „Pressekrieg" in die Geschichte einging. Das Besondere (aus heutiger Sicht) am Krimkrieg war, dass die Reporter

damals noch relativ frei vom Schlachtfeld berichten konnten, da es noch keine institutionalisierte Zensur und Presselenkung gab. Die meisten Soldaten waren zu diesem Zeitpunkt den Umgang mit den Journalisten nicht gewöhnt und ihnen war scheinbar auch nicht bewusst, welchen Einfluss die Medien auf den Kriegsverlauf haben können.
Doch auch ohne offizielle Zensurmaßnahmen zeigte sich bereits damals das gespannte Verhältnis zwischen Medien und Militär. Wenn es etwa ein Journalist wie Russell wagte, die heimischen Truppen negativ darzustellen, so wurde er von den angegriffenen Militärmachthabern für seine unpatriotische Berichterstattung hart kritisiert.

Zensur und Informationskontrolle sollten solche unvorteilhaften medialen Darstellungen verhindern. Sehr bald erkannte das Militär zudem auch, dass sich gezielte Informationen über die Kriegsereignisse hervorragend als Kampfmittel nach außen und innen einsetzen lassen. Als Kampfmittel nach innen, indem die Bevölkerung über die Kriegsentwicklung auf dem Laufenden gehalten wird und man sich somit ihre Unterstützung und Zustimmung für die Kampfeshandlungen sichert; nach außen, sollen Berichte über die eigene Stärke den Gegner einschüchtern, ihn gezielt desinformieren und ihn durch Falschmeldungen irritieren.
Das Repertoire der Medienkontrolle und -lenkung hat sich im Laufe der 150-jährigen Geschichte der Medienberichterstattung über Kriege nach und nach perfektioniert und an veränderte Kommunikationstechnologien angepasst.

Nach dem Krimkrieg, dem ersten „Pressekrieg", stellte vor allem der Vietnamkrieg ein weiteres einschneidendes Ereignis in der medialen Kriegsberichterstattung dar. Erstmals kam hier das Medium Fernsehen zum Einsatz, weshalb der Krieg in Vietnam auch als der erste „Krieg im Wohnzimmer" in die Geschichte einging. Beinahe täglich lieferten die großen amerikanischen Fernsehstationen die neuesten Bilder aus Vietnam direkt in die amerikanischen Wohnzimmer, wodurch das Publikum den Eindruck bekam, tatsächlich „hautnah" am Kriegsgeschehen teilhaben zu können.

Neben diesen technologischen Weiterentwicklungen, ist der Vietnamkrieg aus heutiger Sicht auch deshalb beachtenswert, da hier Journalisten zum vorerst letzten Mal relativ frei vom Kriegsgeschehen berichten konnten.
Der Zugang zum Kriegsgebiet war sehr einfach: Wer als Journalist mit Visum und dem Begleitschreiben eines Medienunternehmens nach Vietnam kam, hatte automatisch den Rang eines Mayors und konnte Unterkunft, Verpflegung und Transport von der US-Army beanspruchen. Es ist angesichts dieser einfachen Zugangsbedingungen für Journalisten nicht erstaunlich, dass 1967 bereits an die 700 Reporter in Südvietnam waren.
Die Militärs konnten durch diese starke Präsenz an Berichterstattern keine genauen Kontrollen mehr durchführen und beschränkten sich daher darauf, den Journalisten einige militärische Grundregeln vorzugeben. Solange sich die Reporter an diese Punkte hielten, wurde ihre Arbeit in keiner Weise behindert. (vgl. Löffelholz 1993: 44)

Genau diese mehr oder weniger uneingeschränkte Berichterstattung ermöglichte es den Journalisten auch grausame und erschreckende Bilder von Toten und Massakern zu zeigen. Das amerikanische Militär sieht bis heute in genau diesen Bildern den Grund für die sinkende Zustimmung der US-Bevölkerung zum Kriegseinsatz und die Forderung nach einem Ende der Kampfhandlungen. Ob es tatsächlich die Medienberichte waren, die den Rückzug der USA aus dem Vietnam erzwungen haben, ist jedoch nicht bewiesen.
Dennoch zogen die US-Militärs aus den Erlebnissen im Vietnamkrieg die Erkenntnis, dass es notwendig sei, mit einer strengen Zensur der Kriegsberichterstattung die öffentliche Meinung zu kontrollieren, um einen derartigen Meinungsumschwung in Zukunft zu verhindern.

1.3. Die Symbiose zwischen Medien und Militär in Kriegszeiten

In Kriegszeiten müssen Medien und Militär zwangsläufig zusammenarbeiten, damit die Weltöffentlichkeit über die Geschehnisse informiert werden kann. Die Soldaten sind zwar meistens von den Journalisten im Kriegsgebiet nicht sehr erfreut, weil diese ihrer An-

sicht nach einerseits eine Behinderung ihrer Arbeit darstellen und andererseits durch ihre Berichterstattung feindliche Spionage erleichtern bzw. das Ansehen der eigenen Truppen in Frage stellen können. Trotz dieser skeptischen Einstellung wissen die militärischen Machthaber aber auch, dass ihnen die Medien gerade in Kriegszeiten wertvolle Dienste leisten können.
Thomas Dominikowski spricht daher von einer sehr „wirkungsvollen Symbiose" zwischen Medien und Militär in Kriegszeiten, aus der beide Seiten großen Nutzen ziehen können. (vgl. Dominikowski 1993: 39)

1.3.1. Profit der Medien in Kriegszeiten:
Auf der einen Seite profitieren die Medien gleich auf mehreren Ebenen von Kriegssituationen. Kriege sind ohne Frage mediale Großereignisse und bereits im Krimkrieg zeigte sich, dass während Kriegszeiten die Einschaltquoten und Auflagenzahlen der Medien deutlich steigen.
Kein Wunder also, dass die Medienschaffenden daher eine möglichst umfassende Berichterstattung aus Krisengebieten forcieren, um auf diese Weise den größtmöglichen Profit aus der Situation schlagen zu können.

Dominikowski nennt drei Hauptmotivationen der Medien in der Kriegsberichterstattung:
1. Die Medien wollen durch eine umfassende Berichterstattung die „Partizipationsinteressen des Publikums" (Dominikowski 1993: 39) zufrieden stellen.
2. Dabei werden sie von den „machtpolitischen Interessen der Regierung und des Militärs" (ebd.) unterstützt.
3. Und nicht zuletzt, werden die Medienunternehmen auch von ökonomischen Interessen geleitet, indem sie versuchen aus der „Mediatisierung des Kriegs" (ebd.) möglichst großen Profit zu ziehen.

Aber nicht nur in ökonomischer Hinsicht zahlen sich Kriege für die Medien aus. Auch in der Entwicklung neuer Kommunikationstechnologien profitieren die Medien von Kriegen.

Nicht umsonst meint auch Georg Ruhrmann, dass „Kriege die 'Väter' aller Dinge, allen voran der neuen elektronischen Kommunikationsmittel" (Ruhrmann 1993: 81), sind.

Wie zutreffend diese Feststellung ist, zeigte sich bereits zu Beginn der Jahrhundertwende: Stets waren es Kriege, die den Medien entscheidende Entwicklungssprünge ermöglicht haben, denn in solchen Situationen wurden Medien im Großeinsatz erprobt, verändert und optimiert. Die kontinuierliche Weiterentwicklung der Waffensysteme ging mit einer zunehmenden Modernisierung der Informationstechnologien einher.
Während im Krimkrieg die Berichte noch hauptsächlich in Form von Briefen an die Redaktionen weitervermittelt wurden, kam im amerikanischen Sezessionskrieg
(1861-1865) erstmal die Telegraphie in größerem Ausmaß zum Einsatz.
(vgl. Löffelholz 1993: 39)

Neben den Übertragungstechnologien entwickelten sich in Krisenzeiten aber auch die Art der Berichterstattung und die allgemeinen Strukturen der Medien enorm weiter. Berechtigterweise kommt Dominikowski daher zu dem Schluss, dass wir „ohne den Medieneinsatz in Kriegen heute andere Medien hätten" (Dominikowski 1993: 47).

Mit den neuen Kommunikationstechnologien gewann zum Beispiel die Aktualität der Berichte immer mehr an Bedeutung. Erst die modernen Übertragungstechnologien machten es möglich ohne wochenlange Verzögerungen über Geschehnissen zu berichten, wodurch der Krieg schließlich „zu einem Medienereignis avancierte" (Löffelholz 1993: 39).

Heute spielt in der Kriegsberichterstattung vor allem das Fernsehen eine wichtige Rolle, da es durch seine bildhafte Darstellungsweise dem Informationsbedürfnis der Rezipienten im Kriegsfall am besten entspricht.
Den Durchbruch für das Fernsehen in der Kriegsberichterstattung brachte, wie schon erwähnt, der Vietnamkrieg. Fast täglich konnten

die Amerikaner am Abend mittels TV-Bilder „miterleben", was die heimischen Soldaten im fernen Vietnam erlebten, wobei aber zu sagen ist, dass diese Bilder keineswegs live, sondern meist schon einige Tage alt waren.

Die Live-Berichterstattung setzte sich erst mit dem Golfkrieg 1991 durch. Ab diesem Zeitpunkt galt es als oberstes Ziel der Medien, möglichst hautnah von den Geschehnissen in Bagdad berichten zu können.

Dieser Rausch nach Aktualität erreichte im Golfkonflikt 2002/2003 seinen vorläufigen Höhepunkt: Mittels Videotelephonie waren erstmals Berichte aus allen Bereichen des Iraks und direkt von der Kampffront möglich.

Diese neue Form der Kriegsberichterstattung wurde auch von den Medien immer wieder thematisiert, wobei auch kritische Stimmen laut wurden. Als Beispiel möchte ich hier eine kurze Stelle aus dem Spiegel zitieren:

„Wenn es eine Gewissheit gibt in diesem Konflikt, dann die: Es ist der erste Live-Krieg der Geschichte. Noch nie waren Hunderte Millionen Menschen weltweit als Zuschauer dabei, wenn Armeen gegeneinander ziehen. Real Time und 24 Stunden am Tag. Auf Panzern installierte Kameras, ´tank cams´ genannt, wurden zum Sinnbild dieser (Medien-)Schlacht: schnell, direkt, authentisch – so wollen, oder wollten, die alliierten Militärstrategen den ´War in Iraq´ fürs Fernsehen inszenieren." (Fleischhauer u.a. 2003: 198)

Dieser Ausschnitt weist sehr deutlich darauf hin, dass auch die Live-Berichterstattung von der Front keine Garantie für eine objektive und propagandafreie Kriegsberichterstattung sein kann.

1.3.2. Profit des Militärs in Kriegszeiten:

Auch Politik und Militär haben im Laufe der Kriege sehr schnell gelernt, dass sie die Medien sehr gut für ihre Ziele einsetzen können. Gerade was den Bereich der öffentlichen Meinungssteuerung und die Mobilisierung der Massen betrifft, können die Medien dem Militär unbezahlbare Dienste leisten.

Die Strategie von Militär und Politikern besteht daher aus zwei grundlegenden Aktionen:
Einerseits versuchen die Armeen die Journalisten so weit als möglich vom Kampfgeschehen fernzuhalten und die Berichterstattung einzuschränken, andererseits müssen aber gleichzeitig genug aktuelle Informationen und Bildmaterial angeboten werden, damit die Medien ihre Aufgabe der Informationsmitteilung dennoch erfüllen können.
Die Medien werden somit einerseits vom Militär streng bewacht, aber andererseits auch unterstützend betreut, um eine kontinuierliche Berichterstattung überhaupt möglich zu machen.
Werner Meier drückt dieses Verhältnis zwischen Medien und Militär folgendermaßen aus:

„...Medienschaffende agieren an der Front auf der einen Seite als eine Art privilegierter Kriegsgefangene und auf der anderen Seite als Verbündete im Dienste alliierter Interessen. Die Hauptaufgabe der politisch-militärischen Führung besteht darin, ein positives Meinungsklima (notwendiger/ gerechtfertigter Krieg) vor Ausbruch der Kampfhandlungen zu schaffen und gleichzeitig mit allen Mitteln sicherzustellen, dass die Medien bloß erfreuliche und keine schrecklichen 'Wahrheiten' der Öffentlichkeit präsentieren können." (Meier 1996: 149)

Zusammenfassend kann man die Zusammenarbeit von Militär und Medien auf mehren Ebenen feststellen:
1. Medien sind technologisch militarisiert: Viele wichtige Entwicklungen der Informationstechnologie kamen durch Kriege zustande, sei es nun die Einführung der Felddruckerei im 30-jährigen Krieg oder der Einsatz des Fernsehen im Vietnamkrieg bis hin zur Live-Berichterstattung im 2. und 3. Golfkrieg.

2. Die Medien sind unter ökonomischen Aspekten militarisierbar: Kriege, Katastrophen und Krisen sind mediale Großereignisse, die den Medien großen wirtschaftlichen Nutzen bringen können. Problematisch an diesem Zusammenhang zwischen Medien und Krieg ist jedoch, dass so manche Medienunternehmen, allen voran die Boulevardformate, dazu verleitet werden, derartige Ereignisse auflagensteigernd zu vermark-

ten, und dabei auch nicht davor zurückschrecken, menschliche Schicksale medial auszuschlachten.
Das Bestreben der Medien möglichst aktuell über Großereignisse wie Kriege und Krisen berichten zu können und sich damit eine große Zuseher- bzw. Leserschaft zu sichern, geht einher mit dem Interesse des Militärs an professioneller Meinungsführung durch die Medien.

3. Die Medien sind politisch militarisierbar. In vielen Kriegen wurde beobachtet, dass sich die Medien gerne auf die Seite der Mächtigen schlagen.

Nach außen hin wird zwar das Ideal der objektiven Berichterstattung präsentiert, trotzdem kann man feststellen, dass die Medien häufig ihre kritische Distanz zu den Kriegen verloren haben und in erster Linie aus „nationaler" Sicht berichtet haben.

Dominikowski weist kritisch darauf hin, dass manche Journalisten es scheinbar als ihre Aufgabe sehen, heimische Politiker und Truppen mit einer patriotischen Berichterstattung zu unterstützen. Trifft dies tatsächlich zu, so haben die militärischen Kontroll- und Beschränkungsmaßnahmen der Information leichtes Spiel, da „heimattreue" Journalisten vermutlich ohne großen Widerstand bereit sind, die verbreiteten Propagandainformationen sowie die konstruierten Feindbilder der gegnerischen Kriegsparteien auch in ihren Berichten zu vermitteln.

Dieser Patriotismus zeigte sich auch in der Berichterstattung über den Golfkonflikt 2002/2003 in den amerikanischen Medien. Während in Europa die Notwendigkeit eines Kriegseinsatzes im Irak sehr kritisch kommentiert wurde, setzten sich vor allem im amerikanischen Fernsehen die Kriegsbefürworter und Unterstützer von George W. Bush durch. Europäische Medienkritiker sprachen daher von einem Rechtsrutsch der amerikanischen Medien, durch den kritische Stimmen in der allgemeinen Pro-Kriegs-Berichterstattung untergingen. (vgl. Kilian 2003: 114f)

Der Medienanalytiker Andrew Tyndall berichtete zum Beispiel, dass allein in den letzten Monaten vor Kriegsausbruch

„von 414 TV-Beiträgen zum Irak [...] 380 aus Abteilungen der US-Regierung und nur 34 aus dem Rest Amerikas" (Ringler 2003: 97) kamen.

4. Die Medien sind individuell militarisierbar. Eine kritisch distanzierte Berichterstattung wird durch den zunehmenden Konkurrenzkampf zwischen den Reportern im Kriegsgebiet immer schwieriger. Zusätzlich müssen die Journalisten bei der Gestaltung ihrer Beiträge auch die Anweisungen der Heimatredaktionen sowie das Streben nach hohen Einschaltquoten und Auflagenzahlen berücksichtigen. Diese interne Problematik des Systems Journalismus haben mittlerweile auch die Militärs erkannt und nutzen diese Faktoren für ihre Propagandazwecke aus.
(vgl. Dominikowski 1993: 47f)

2. Die Rolle der Nachrichtenfaktoren in der Krisen- und Kriegsberichterstattung

Medien haben in unserer modernen Gesellschaft die wichtige Funktion übernommen, die breite Öffentlichkeit mit Informationen über die Geschehnisse auf der ganzen Welt zu informieren. Journalisten bekommen damit eine große Verantwortung, denn sie bestimmen durch ihre Auswahl, Aufbereitung und Vermittlung, was zum Zeitgespräch der Gesellschaft wird bzw. welche Ereignisse der Öffentlichkeit verborgen bleiben.

Die Auswahl der Nachrichten geschieht nicht willkürlich, sondern Journalisten haben bei ihrer Arbeit stets eine mehr oder weniger implizite Vorstellung davon, wie das Publikum eine Geschichte interpretieren wird, was es hören will, was Interesse erregt. Oder anders ausgedrückt wählen sie für ihre Berichterstattung nur jene Ereignisse aus, von denen sie annehmen, dass sie für ihre Zuschauer, Zuhörer oder Leser interessant und nützlich sein können.

Kommunikationswissenschaftliche Untersuchungen haben sich mittlerweile sehr genau mit dem journalistischen Selektionsprozess bei der Nachrichtenvermittlung auseinandergesetzt. Als einer der ersten formulierte Einar Östgaard (1965) Hypothesen zu den wichtigsten Selektionskriterien im Nachrichtenfluss. Er unterschied dabei zwischen externen und internen Faktoren, die bei der Nachrichtenselektion eine Rolle spielen. Unter den externen Faktoren fasst er die ökonomische Struktur der Medien, die redaktionelle Linie und die Einflüsse des Verlegers, subjektive Dispositionen des Redakteurs zu einem Ereignis bzw. Handlungsträger, aber auch die Orientierung an anderen Medien sowie den Einfluss der Regierung bzw. Zensurvorschriften zusammen.

Bei den internen Nachrichtenfaktoren geht Östgaard von der Annahme aus, dass der Journalist die Auswahl und Darstellung eines Ereignisses immer hinsichtlich seiner Vorstellungen über das Interesse und die Wünsche des Publikums trifft. In Folge dieser Überlegung nennt Östgaard drei Faktorenkomplexe, die bei der Selektion und Verarbeitung von Nachrichten ausschlaggebend sind:

- Vereinfachung: Einfache Berichte werden komplexeren vorgezogen bzw. komplizierte Zusammenhänge werden von den Journalisten auf möglichst einfache Strukturen reduziert
- Identifikation: Journalisten versuchen die Aufmerksamkeit der Rezipienten dadurch zu erreichen, indem sie Themen verwenden, zu denen die Menschen einen Bezug haben. Dies ist zum Beispiel dann der Fall, wenn über bereits bekannte Themen berichtet wird bzw. prominente Akteure zu Wort kommen
- Sensationalismus: Über dramatische Sachverhalte, Konflikte und Sensationen wird in allen Medien häufig berichtet, da diese Ereignisse bei den Rezipienten Emotionen wecken und meist auf großes Interesse stoßen.

(vgl. Östgaard 1965, zit. nach: Burkart 1998: 275f)
Erfüllt ein Ereignis diese drei oben genannten Faktorenkomplexe, dann kann man mit hoher Wahrscheinlichkeit davon ausgehen, dass es auch Gegenstand medialer Berichterstattung wird.

Johan Galtung und Mari Ruge nehmen diese drei von Östgaard genannten Faktorenkomplexe als Grundlage für die Entwicklung eines ersten umfassenderen Nachrichtenwertekatalogs. Sie versuchen dabei jene Kennzeichen aufzulisten, die ein Ereignis haben muss, damit es eine gute Chance hat als Nachricht in der Berichterstattung aufgenommen zu werden. Winfried Schulz hat diese Überlegungen von Galtung und Ruge in zahlreichen empirischen Untersuchungen überprüft, weiter spezifiziert und daraus schließlich folgende Nachrichtenfaktoren abgeleitet, anhand derer Journalisten ihre Nachrichtenselektion durchführen: (vgl. Schulz 1976: 32ff, zit. nach: Burkart 1998: 277f)

- ZEIT:
    - Dauer: punktuelle Ereignisse von kurzer Dauer haben einen höheren Nachrichtenwert als Langzeitereignisse
    - Thematisierung: Ereignisse, die bereits länger in den Medien thematisiert werden, haben höhere Chancen publiziert zu werden.

- NÄHE:
  - Räumlich: geographische Entfernung zwischen Ereignis und Reaktionssitz
  - Politisch: Ausprägung der wirtschaftspolitischen Beziehungen zum Ereignisland
  - Kulturell: sprachliche, religiöse, literarische und wissenschaftliche Beziehungen zum Ereignisland
  - Relevanz: Grad der Betroffenheit und existenziellen Bedeutung eines Ereignisses

- STATUS:
  - Regionale Zentralität: Grad der politisch-ökonomischen Bedeutung der Ereignisregion
  - Nationale Zentralität: Wirtschaftliche, wissenschaftliche und/ oder militärische Macht des Ereignislandes
  - Persönlicher Einfluss: politische Macht der beteiligten Personen
  - Prominenz: Bekanntheitsgrad der beteiligten Personen

- DYNAMIK:
  - Überraschung: Erwartbarkeit des Zeitpunktes, Verlaufs und Resultates eines Ereignisses
  - Eindeutigkeit: Komplexität der Verlaufsformen, sowie Beteiligung und Überschaubarkeit eines Ereignisses

- VALENZ:
  - Konflikt: Grad der Aggressivität politischer Ereignisse
  - Kriminalität: Rechtswidrigkeit von Handlungen
  - Schaden: Personen-, Sach- oder finanzielle Schäden bzw. Misserfolge
  - Erfolg: Fortschritt auf politischem, wirtschaftlichen oder kulturellem Gebiet, den ein Ereignis bewirkt
  - Negativismus: Ereignisse mit negativen Auswirkungen werden „alltäglichen" Ereignissen vorgezogen

- IDENTIFIKATION:
  - Personalisierung: Grad des personellen Bezugs eines Ereignisses

o Ethnozentrismus: Ausmaß, in dem ein Ereignis die Bevölkerung des Landes betrifft, in dem das jeweilige Medium erscheint.

Je eindeutiger ein Ereignis einen oder (noch besser) mehrere dieser Faktoren erfüllt, desto wahrscheinlicher wird es zu einer Nachricht. Galtung und Ruge gehen zudem davon aus, dass diejenigen Faktoren, die schließlich das Ereignis „nachrichtenwürdig" machen, in der Berichterstattung überbetont werden. Dadurch geht mit der Nachrichtenauswahl auch gleichzeitig eine Verzerrung des Ereignisses einher. (vgl. Ohde 1994: 98)

Es stellt sich dabei nun die Frage, ob diese Nachrichtenwerte den Ereignissen tatsächlich inhärent sind und somit für die Berichterstattung in den Medien ausschlaggebend sind, oder ob die Journalisten bewusst mit Hilfe der Nachrichtenfaktoren die Aufmerksamkeit auf bestimmte Ereignisse lenken können.
Joachim Staab unterscheidet daher zwischen dem „Kausalmodell" der Nachrichtenauswahl und einem „Finalmodell" (Staab 1990: 97ff). Gemäß dem Kausalmodell ist der Journalist nur ein passiver Informationsvermittler, der nach objektiven Kriterien und völlig ohne Zweckorientierung berichtet. Grundlage für die Auswahl der Nachrichten ist ein internationaler journalisteninterner Konsens über die Merkmale von „nachrichtenswerten" Ereignissen.
Im Finalmodell verfolgt der Journalist mit seiner Berichterstattung hingegen einen gewissen Zweck. Er wählt seine Nachrichten immer in Hinblick auf die damit verbundenen sozialpolitischen Hintergründe aus. Nachrichtenfaktoren werden hier als „Blickfang" eingesetzt, um die Aufmerksamkeit für bestimmte Ereignisse zu erhöhen. (vgl. ebd.)
Extrem ausgedrückt kann man sagen, dass Journalisten schon allein durch die Auswahl ihrer Nachrichten versuchen, selbst Einfluss auf das politische Geschehen zu nehmen. Wenn zum Beispiel in der außenpolitischen Berichterstattung Fehlverhalten der eigenen Regierung unterschlagen werden, dafür aber die Entgleisungen der politischen Gegner umso deutlicher hervorgehoben werden, so beziehen die Medien hier eine sehr eindeutige Position und von einer rein objektiven Nachrichtenauswahl kann nicht mehr die Rede sein.

Eine Untersuchung über das journalistische Selbstverständnis von Donsbach hat gezeigt, dass die Journalisten ihre Hauptaufgabe darin sehen, „politische und gesellschaftliche Prozesse kritisch zu kommentieren und zu kontrollieren" (Donsbach 1982: 173f) Journalisten sehen sich somit nicht als objektive Informationsübermittler, sondern wollen selbst quasi-politisch aktiv werden.
Dröge geht zudem davon aus, dass die Nachrichtenauswahl weniger in Hinblick auf das Publikum ausfällt, sondern dass sie vielmehr die persönlichen Einstellungen der Journalisten zu den jeweiligen Sachverhalten ausdrückt. „Insofern ist die Nachrichtenauswahl in ihrer Zusammensetzung bereits ein Spiegelbild der Stereotypen und Vorurteile des Kommunikators." (Dröge 1967: 177 zit. nach: Ohde 1994: 121)

2.1. Nachrichtenfaktoren in der Auslandsberichterstattung:
Die im vorangegangenen Kapitel vorgestellten Strategien zur Nachrichtenauswahl gelten natürlich auch für die Auslandsberichterstattung. Dennoch gibt es hier einige Besonderheiten, die ich im Folgenden etwas genauer darstellen möchte, da sie für die Verbreitung von Propagandabotschaften sowie die Konstruktion von Feindbildern von Bedeutung sind.

2.1.1. Aufgaben und Probleme der Auslandsberichterstattung
Primäre Aufgabe der Auslandsberichterstattung ist es, das Publikum an außernationalen Ereignissen teilhaben zu lassen und ihm umfassende Informationen zu liefern. Auf diese Weise soll dem Rezipienten eine eigenständige Einschätzung der internationalen Geschehnisse ermöglicht werden, der Abbau nationaler Selbstbezogenheit sowie das Entstehen realistischer Weltvorstellungen gefördert werden.
Oder anders ausgedrückt sollen Medien durch Informationen über Ziele, Bestrebungen, Kulturen und Bedürfnisse aller Völker dazu beitragen, nationale Vorurteile und Stereotypen abzubauen und so die Friedensförderung in internationalen Beziehungen zu unterstützen.

Inwieweit dies in der Auslandsberichterstattung tatsächlich realisiert werden kann, ist fraglich. Oft ergeben sich Probleme allein aus

dem Grund, dass es auch für die Auslandskorrespondenten oft schwer ist, sich in einer fremden Kultur zurechtzufinden und diese angemessen zu kommentieren. Zusätzlich entstehen Schwierigkeiten aus der Tatsache, dass das Korrespondentennetz sehr ungleich über die Welt verteilt ist. Nur wenige Medienunternehmen können sich Auslandsberichterstatter in allen Erdteilen leisten. Während es in den Industrienationen in Europa und in den USA ein relativ dichtes Netz an Korrespondenten gibt, berichten aus Lateinamerika und Afrika nur sehr wenige Korrespondenten.
Dies hat zur Folge, dass sämtliche Einschätzungen über die Länder in Südamerika bzw. Afrika auf den Darstellungen einiger weniger Auslandskorrespondenten beruhen. Diese Journalisten können durch eine einseitige Nachrichtenauswahl und -darstellung Vorurteile, Stereotype und Feindbilder dieser Staaten fördern. (vgl. Glotz/Langenbucher 1969: 49)

Die allgemeine Berichterstattung der westlichen Medien scheint sich somit auf Geschehnisse in der nördlichen Erdhalbkugel zu konzentriert. Verstärkt wird dieses Nord-Süd-Gefälle beim Nachrichtenfluss dadurch, dass die vier großen Nachrichtenagenturen ihre Zentralen in westlichen Industriestaaten haben. (Associated Press, United Press International, Reuters, Agence France Press). Da der Großteil der Auslandsnachrichten von diesen Agenturen stammt, dominiert daher auch eindeutig der „westliche" Blick in der Berichterstattung. (vgl. Ohde 1994: 103)
Die ungleiche Verteilung der medialen Aufmerksamkeit für die einzelnen Kontinente und Staaten, wird damit begründet, dass Medien nur über solche Ereignisse berichten, die für das eigene Land politisch oder wirtschaftlich wichtig sind.

2.1.2. Auslandsberichterstattung als Kommunikation über Krisen
Die Definition der Auslandsberichterstattung als „Kommunikation über Krisen"
(Schulz/ Schönbach 1980: 20f, zit. nach: Löffelholz 1993: 18) stammt von Schulz und Schönbach und erfolgte nicht zu unrecht, wie mittlerweile Untersuchungen deutscher Medien bewiesen haben, denn tatsächlich beschäftigt sich der Großteil der medialen Auslandsberichterstattung mit Krisen bzw. Kriegen.

Dabei spielen einerseits natürlich die von Schulz genannten Nachrichtenfaktoren eine wichtige Rolle, aber andererseits bekommen Krisen und Kriegen laut Georg Ruhrmann darüber hinaus automatisch eine gewisse Sonderstellung in den Medien, da sie nicht nur die allgemein akzeptierten Werte innerhalb einer Gesellschaft gefährden, sondern den Bestand der Gesellschaft insgesamt. Und auch hier gilt wieder der Grundsatz, dass „je größer die Bedrohung, je skandalöser die politischen Entscheidungen, je einfallreicher Friedensinitiativen [sind / BK], desto eher wird darüber berichtet." (Ruhrmann 1993: 85)

Zusätzlich zeigte sich in Analysen westlicher Medien, dass die geographische Distanz dabei eine entscheidende Rolle spielt: Je weiter entfernt ein Land ist, desto höher ist die Wahrscheinlichkeit, dass es nur im Zusammenhang mit einer Krise bzw. kriegerischen Auseinandersetzung erwähnt wird. Positive Berichte über entlegene Regionen sind hingegen in der Auslandsberichterstattung kaum zu finden. Die Gefahr besteht nun darin, dass die Rezipienten durch eine solch einseitige Nachrichtenauswahl einen negativen Eindruck fremder Länder und Kulturen bekommen. Vor allem wenn eigene Erfahrungen und Kenntnisse des Landes fehlen, bekommen manche Völker ein negatives und kämpferisches Image, allein aus dem Grund, weil sie in den Medien stets im Zusammenhang mit kriegerischen Ereignissen dargestellt werden.

Andererseits muss man aber auch darauf hinweisen, dass, obwohl Kriege und Krisen auf Grund ihrer Nachrichtenwerte immer interessante Ereignisse für die Medien sind, dennoch bei weitem nicht über alle kämpferischen Konflikte berichtet wird.

Kommunikationswissenschaftler haben sich daher in einer Reihe von empirischen Inhaltsanalysen mit der Frage auseinandergesetzt, welche Faktoren entscheiden, ob eine Krise oder ein Krieg zum Gegenstand medialer Berichterstattung wird. Aus diesen Untersuchungen ergaben sich folgenden Punkten, die für die „Nachrichtenwürdigkeit" von Krisen oder Kriegen ausschlaggebend sind:
- Zahl der potentiell Betroffenen
- Grad der existentiellen Betroffenheit: Wie groß wird die unmittelbare Gefahr für das eigene Land und die Nachbarstaaten eingeschätzt?

- Wahrscheinlichkeit schädlicher Konsequenzen: (ökologisch, ökonomisch, ...)
- die kulturelle, politische und ökonomische Distanz zum Kriegsgeschehen
- die politische Bedeutung des Konflikts für das NATO-Bündnis
- und die Beteiligung von politischer Prominenz oder Elitenationen (USA, Frankreich, Großbritannien) (vgl. Löffelholz 1993: 19; Ruhrmann 1993: 85f)

Im Zeitalter der elektronischen Medien spielt schließlich auch noch die Möglichkeit zur Visualisierung eine nicht zu verachtende Rolle, d.h. ob ausreichend Bildmaterial von den Kriegsgeschehnissen zur Verfügung steht bzw. ob die Kamerateams Zugang zu den Kriegsschauplätzen erhalten.

2.1.3. Kritik an der Nachrichtenauswahl in der Krisen- und Kriegsberichterstattung:

Durch die zunehmende Bedeutung medialer Berichterstattung in Krisen- und Kriegssituationen, werden auch die Arbeitsweisen der Journalisten immer wieder kritisch hinterfragt.
Die Ergebnisse dieser empirischen Untersuchungen fallen dabei für die Medien oft wenig erfreulich aus.
So haben zum Beispiel einige Inhaltsanalysen der deutschen Massenmedien bestimmte journalistische Nachrichtenselektionsfaktoren identifiziert, die für die mangelhafte Berichterstattung verantwortlich sind:

1. Journalisten wählen ihre Nachrichten immer mit einer gewissen Ereignisbezogenheit aus, was jedoch auf Kosten der Hintergrundberichterstattung geht.
2. Da sich das mediale Interesse an Einzelereignissen orientiert, findet die Berichterstattung über fremde Länder nur sehr sporadisch und diskontinuierlich statt. Die Vorstellungen und das Wissen der Rezipienten über diese fernen Regionen der Welt bleiben somit lückenhaft, oberflächlich und ungenau.
3. Auf Grund dieses mangelnden Wissens der Rezipienten neigen Journalisten vor allem in Krisen- und Kriegszeiten dazu, komplexe Zusammenhänge durch Stereotypisierung und Personalisierung leichter verständlich zu machen.

4. Militärischen Konflikten, Krisen und Katastrophen werden in den Medien oft übersteigerte Bedeutung zugeschrieben. Es wird dabei hauptsächlich über negative Ereignisse bzw. Kämpfe berichtet, nicht jedoch über friedliche Lösungen.
5. Es wird in den Berichten aus Krisengebieten häufig ein Bild von Chaos und Irrationalität vermittelt.
6. Aus Ländern, zu denen eine große kulturelle Distanz besteht, wird kaum berichtet.
(vgl. Löffelholz 1993: 110)

Ruhrmann kritisiert zudem, dass die westlichen Medien ihre Aufgabe in Kriegsfällen in erster Linie darin sehen, die Position des eigenen Landes zu stärken und gleichzeitig ein übersteigertes Feindbild des Gegners zu vermitteln. Dies sei auch ein Zeichen dafür, dass „die Nachrichtenmedien gerade auch in Krisen- und Kriegszeiten das Bewusstsein und die Einstellung der Elite reproduzieren" (Ruhrmann 1991: 23, zit. aus Ohde 1994:104)
Eine derartige Tendenz hat sich auch in der Berichterstattung zum Golfkonflikt 2002/03 vor allem in den amerikanischen Medien gezeigt. Die Mehrheit der Fernsehsender, Radiostationen und auch viele Printmedien haben die von der Bush-Regierung vorgebrachten Begründungen für den Kriegseinsatz übernommen und somit den Waffengang indirekt unterstützt. Kritische Stimmen waren in Amerika nur sehr selten zu hören und wurden meist als unpatriotisch abgewertet.

Insgesamt kann man festhalten, dass die Auslandsberichterstattung, deren Hauptschwerpunkt auf der Darstellung von Krisen- und Kriege liegt, gewisse Strukturen aufweist, welche die Verbreitung von Vorurteilen, Stereotypen und Feindbildern fördern können. Grund dafür ist einerseits die Tendenz zur vereinfachten und unvollständigen Darstellung von Ereignissen aus weit entfernten Ländern bzw. fremden Kulturen, andererseits aber auch die ungleiche Verteilung von Korrespondenten sowie die Neigung der Journalisten zu einer patriotisch ausgerichteten Berichterstattung.

3. Wirklichkeitskonstruktion durch die Medien

Vertreter des radikalen Konstruktivismus gehen davon aus, dass wir die Realität nie als Ganzes wahrnehmen können, sondern dass sich das „Konstrukt der Realität" aus Einzelereignissen zusammensetzt. Und auch diese Ereignisse, bestehen nicht an sich, sondern „entstehen" erst durch unsere Wahrnehmung, die in jedem Fall subjektiv und von persönlichen Interessen geleitet ist. Dies gilt auch für medial vermittelte Ereignisse: „Das, was der Journalist als Ereignis erkennt und worüber er berichtet, nachdem er entsprechend bestimmter Kriterien selektiert hat, ist im eigentlichen Sinne ein Ereignis."
(Ohde 1994: 114)

Die Aufgabe der Medien beschränkt sich daher nicht allein auf die passive Rolle als Informationsvermittler, sondern sie werden zu einem wichtigen Konstrukteur der gesellschaftlichen Wirklichkeit. Die mediale Realität bildet dabei nie die gesamte Wirklichkeit objektiv ab, sondern zeigt nur einen begrenzten Ausschnitt dieser Wirklichkeit. Die Auswahl dieser Realitätsausschnitte wird durch persönliche Einstellungen und Vorannahmen der Journalisten bzw. internen Strukturbedingungen der Medien beeinflusst. Schulz geht daher davon aus, dass „die in den Medien dargebotene Wirklichkeit [...] in erster Linie die Stereotypen und Vorurteile der Journalisten, ihre professionellen Regeln und politischen Einstellungen, die Zwänge der Nachrichtenproduktion und die Erfordernisse medialer Darstellung"
(Schulz 1989: 139, zit. aus: Ohde 1994: 115) repräsentiert.

Es wäre daher wichtig, dass sich die Rezipienten immer wieder bewusst machen, dass die Medienwirklichkeit keine Realität im eigentlichen Sinne ist, sondern vielmehr ein Konstrukt darstellt, das nach journalistischen Auswahl- und Darstellungsbedingungen entsteht. Doch dieses Bewusstsein der Unterschiede zwischen medialer Realität und Wirklichkeit scheint im Alltag oft nur mehr sehr schwach ausgeprägt zu sein. Problematisch wird eine unklare Grenzziehung zwischen medialer Realität und der echten Welt dann, wenn von der Öffentlichkeit nur mehr jene Ereignisse als real existent wahrgenommen werden, über die auch in den Medien berichtet wird. Gerade im Zusammenhang mit Kriegen und Krisen ist dies von großer Bedeutung. Folgt man dem oben genannten Ansatz, so „existieren" für die Rezipienten nur jene Kriege, über die sie in den Medien informiert werden.

3.1. Was erwarten Rezipienten von der Krisen- und Kriegsberichterstattung:

Medien haben neben der Funktion der Nachrichtenvermittlung gleichzeitig auch die Aufgabe, den Menschen durch ihre Berichterstattung Informationen zu vermitteln, die ihnen eine Orientierung und Einschätzung einer Situation und der daran beteiligten Personen ermöglichen. Gerade in Krisen- oder Kriegszeiten nutzen die Rezipienten die Medien verstärkt, um sich über die Entwicklung der Konflikte und Kampfhandlungen zu informieren, und bilden sich schließlich daraus eine Einschätzung, ob die Krise bzw. der Krieg auch Konsequenzen oder Gefahren für ihr persönliches Leben haben könnte.

Die Medien sollten uns daher vor allem bei Geschehnissen, bei denen wir auf Grund der geographischen Distanz auf keine persönlichen Erfahrungen zurückgreifen können, ausreichend Informationen über die sozialpolitischen Hintergründe einer Kriegssituation und die Kriegsgegner liefern und so zum Abbau von Bedrohungsängsten beitragen.

Alexander Görke unterscheidet in diesem Zusammenhang zwei Arten von Erwartungshaltung, welche die Rezipienten in Krisen- und Kriegszeiten an die Medien stellen:

1. Auf der einen Seite stehen Rezipienten, die erwarten, dass ihnen die Medien durch ihre Darstellung der Kriegssituationen auch gleichzeitig sichere Orientierungsmöglichkeiten bieten, mit denen die persönliche Unsicherheit reduziert werden kann. Diese Publikumsgruppe hält meist auch im Alltag die Medienwirklichkeit für absolut verbindlich und übernimmt daher in Krisenzeiten die medialvermittelten Einschätzungen eines Konflikts.

2. Die zweite Gruppe von Rezipienten ist im Alltag weniger „mediengläubig" und geht daher auch in Krisenzeiten nicht davon aus, dass die Medien ihre Unsicherheit reduzieren können. Diese Gruppe nutzt die Medien in erster Linie um möglichst viel Hintergrundwissen zu erlangen, aus dem sie sich schließlich ein eigenes Bild der Situation macht, das jedoch mehr oder weniger unabhängig von den medialen Einschätzungen ist. (vgl. Görke 1993: 138)
Die Einschätzung einer Krise hängt also neben der journalistischen Auswahl und Darstellung auch mit den Rezeptionsmustern und den persönlichen Dispositionen des Publikums ab. Diese Faktoren spielen bei der Konstruktion und Wirkung von Feindbildern ebenfalls eine große Rolle.

Ruhrmann hat in einer Untersuchung in Deutschland drei Typologien für die Rezeption von Konflikt- und Kriegsberichterstattung erstellt:
(vgl. Ruhrmann 1989: 118f, zit. aus: Löffelholz 1993: 92f)

- Typ 1: Ist ein durchschnittlich älterer Rezipient aus der Oberschicht, der über ein relativ gutes Allgemeinwissen verfügt und sich mit Hilfe der Kriegsberichterstattung ein konfliktorientiertes Bild der Wirklichkeit konstruiert. Die Rezipienten von Typ 1 können auch implizite Hintergrundinformationen sowie Zusammenhänge der Krise und die Bedeutung der getroffenen politischen Entscheidungen in einem komplexen Zusammenhang interpretieren. Laut Ruhrmann zählen zu dieser Gruppe etwa 35 % der deutschen Bevölkerung.

- Typ 2: ist ein eher junger Angehöriger der Mittelschicht, der nur sehr wenig von normativen Einstellungen und Vorurteilen geprägt ist. Die Inhalte der Nachrichten werden personalisiert rekonstruiert und nur die prominentesten Politiker werden dabei als legitime Handlungsträger angesehen.
Die Angehörigen dieser Gruppe informieren sich nicht nur über das Fernsehen sondern auch aus tagesaktuellen Prestige-Zeitungen und verfügen über ein durchschnittliches politi-

sches Hintergrundwissen. Etwa 45 % der deutschen Bevölkerung ordnet Ruhrmann dieser Gruppe zu.

- Typ 3: ist eher in der sozialen Unterschicht angesiedelt und zeichnet sich dadurch aus, dass er Krisen oder Kriege, über die in den Medien berichtet wird, ignoriert oder mangels Wissen nicht verstehen und in einen größeren Zusammenhang einordnen kann. Das Medieninteresse dieser Gruppe ist in erster Linie auf Unterhaltung ausgerichtet, was sich auch darin ausdrückt, dass der Boulevardpresse der Vorzug vor Prestige-Zeitungen gegeben wird. Interessanterweise spielen in dieser Gruppe auch Vorurteile eine sehr große Rolle.
Laut Ruhrmann gehören etwa 20% der Deutschen zu dieser Rezipientengruppe.

Gemäß dieser Definitionen kann man davon ausgehen, dass Rezipienten von Typ 1 medial vermittelte Feindbilder eher als solche erkennen und daher nur abgestuft für ihre eigene Einschätzung eines Konflikts verwenden, als Rezipienten des Typus 3. Die Rezipienten der zweite Gruppe treten zwar insgesamt eher kritisch an die medial vermittelten Einschätzungen heran, neigen aber durch ihre Tendenz zur Personalisierung auch dazu, gewisse Völker, über die sie keine detaillierten Kenntnisse besitzen, mit ihrem jeweiligen politischen Machthaber zu identifizieren und die Bewertungen seiner Person auf das gesamte Volk zu übertragen.

3.2. Verzerrte Wirklichkeitswahrnehmung durch Nachrichtenauswahl:

Wie bereits im Kapitel über die Nachrichtenfaktoren erläutert, bestimmen die Journalisten mit ihrer Nachrichtenauswahl, über welche Ereignisse und welche Meinungen die Öffentlichkeit informiert wird.
Der vielzitierte Satz „Only bad news is good news" wird vor allem der Auslandberichterstattung immer wieder vorgeworfen, da insbesondere Länder der Dritten Welt nur im Zusammenhang mit Konflikten, Krisen, Katastrophen und Kriegen erwähnt werden. Hier kommt in erster Linie der Nachrichtenfaktor des Negativismus zu

tragen. Die Journalisten begründen diese Konzentration auf „negative" Ereignisse damit, dass nur derartige Geschehnisse den „normalen" Lauf der Welt verändern würden und daher berichtenswert seien. Für Hintergrundinformationen über das alltägliche kulturelle und politische Leben in fremden Kulturen bleibt daher in der Auslandsberichterstattung kaum Platz. Dies kann bei Rezipienten westlicher Medien aber den falschen Eindruck vermitteln, dass in bestimmten Regionen der Welt ständig Konflikte, Kriege und Katastrophen stattfinden würden und ein friedliches Zusammenleben für diese Völker nicht möglich sei. (vgl. Ohde 1994: 107)

Verstärkt wird die Problematik der Nachrichtenselektion in Krisenzeiten vor allem dann, wenn die Medien dabei einseitige Absichten verfolgen, durch die alles, was nicht ins Bild passt, einfach ausgeblendet wird. Beispiele dafür gab es vor Ausbruch des Golfkriegs 2003 in den amerikanischen Medien genug. Vor allem das Fernsehen konzentrierte sich in erster Linie auf die Wiedergabe von Argumenten, die für die Notwendigkeit eines Kriegseinsatzes sprachen. Möglichkeiten einer friedlichen Konfliktlösung oder die Tatsache, dass sich tausende Menschen in Friedensdemonstrationen gegen den Kampfeinsatz aussprachen, wurden in der Berichterstattung meist völlig übergangen.
(vgl. Kilian 2003: 116)
Und sogar wenn Medien tatsächlich über ein und dasselbe Ereignis berichten, so können allein durch die Auswahl des Bildmaterials bzw. dessen Kommentierung völlig unterschiedliche Einschätzungen vermittelt werden.
Besonders exemplarisch zeigte sich dies in der Berichterstattung im Golfkrieg 2003. Als Ereignis herausgreifen möchte ich hier die Eroberung der irakischen Stadt Bagdad durch die amerikanischen Soldaten. Sowohl die westlichen als auch die arabischen Medien haben darüber ziemlich ausführlich berichtet, dabei jedoch völlig gegensätzliche Eindrücke vermittelt:
In den westlichen Medien konnte man die „Befreiung" Bagdads durch die amerikanischen und britischen Soldaten sehen. Unterstützt wurde diese Meldung durch Bilder von glücklichen und erleichterten irakischen Bürgern, die ihren Befreiern, den amerikanischen Soldaten, zujubelten. Eine Szene, die dabei großen Symbol-

charakter bekam und deshalb wiederholt gezeigt wurde, war der Sturz der sechs Meter hohen Saddam Hussein Statue.
Im selben Zeitraum wurde das genau gleiche Ereignis in den arabischen Medien aber völlig anders dargestellt. In den Schlagzeilen war hier nicht die Rede von einer „Befreiung" der Stadt sondern vielmehr von einer „Besetzung". Die amerikanischen und britischen Soldaten wurden als Eindringlinge dargestellt, die sich entgegen dem Willen der einheimischen Bevölkerung in irakische Angelegenheiten einmischten und so nichts als Leid brachten. Auch was die Bilderauswahl anging, unterschied sich die arabische Berichterstattung komplett von der westlichen. Tagelang zeigte der arabische Sender al-Dschasira an Stelle der jubelnden Iraker Bilder von verletzten Kindern, verstümmelten Leichen und zerstörten Gebäuden. Die interviewten Personen zeigten sich auch keineswegs dankbar über die Aktionen der Amerikaner, sondern bezeichneten Bush und seine Truppen als Verbrecher. (vgl. Hoyng u.a. 2003: 16f)

Meiner Meinung nach illustriert dieses Beispiel sehr eindrucksvoll, welch bedeutenden Einfluss allein die mediale Nachrichtenselektion auf die Wahrnehmung eines Ereignisses in der Öffentlichkeit hat.

3.3. Einfluss durch die medialen Präsentationstechniken

Doch nicht nur die Auswahl der Nachrichten beeinflusst die Einschätzung eines Ereignisses, sondern auch die Art und der Umfang der medialen Berichterstattung.
Obwohl in Krisen- und Kriegssituationen aussagekräftige Informationen meist Mangelware sind, werden die Rezipienten mit Sondersendungen und Live-Schaltungen regelrecht überflutet.
Erst langsam beginnen sich nun aber auch die Medien selbst die Frage zu stellen, was das Publikum von einer derartigen Informationsfülle tatsächlich hat. So schrieb zum Beispiel der „Spiegel" im Zusammenhang mit seiner Berichterstattung aus dem Irak:
„Bieten die Dauersendungen, die ´breaking news´ und ´Brennpunkte´ wirklich ein Höchstmaß an Information, ist der Zuschauer tatsächlich hautnah dabei? Oder erlebt er ein perfekt komponiertes Medienspektakel, eine Mischung aus emotional packen-

den Bildern und modernster Computeranimation – spannend, aber weit weg von der Realität?" (Fleischhauer u.a. 2003: 198)

Auf die Tatsache, dass ein Zuviel an Information durchaus auch negative Auswirkungen für die Rezipienten haben kann, verweist auch Ruhrmann. Einerseits könne durch die ständige Berichterstattung über Krisen und Kriege leicht eine Art Gewöhnungseffekt, eine Art „Abstumpfung" gegenüber derartigen Ereignissen, eintreten. (vgl. Ruhrmann 1993: 91f)
Andererseits macht es eine zu intensive Berichterstattung dem Publikum auch schwer, die Bedeutung der angebotenen Informationen angemessen einzuschätzen. Als Reaktion auf diese Unsicherheit orientieren sich viele Zuschauer in solchen Situationen verstärkt an den Sendeformaten. Wird zum Beispiel das normale Programm auf Grund einer kurzfristigen Sondersendung zu einem Ereignis unterbrochen, so nimmt das Publikum automatisch an, dass es sich dabei um ein wichtiges und bedeutendes Ereignis handeln müsse und schenkt der Sendung dementsprechend erhöhte Aufmerksamkeit. (vgl. Görke 1993: 142f)
Bei Printmedien orientieren sich die Leser in erster Linie daran, wie umfangreich die Berichterstattung über ein Ereignis ist bzw. an welcher Stelle die Artikel innerhalb des Mediums positioniert sind. Themen, die bereits auf der Titelseite vorgestellt werden, finden bei den Rezipienten automatisch mehr Beachtung als Beiträge im hinteren Teil einer Zeitung oder Zeitschrift.
Die Journalisten wissen also sehr genau, wie sie die knappe Ressource Aufmerksamkeit bei ihrem Publikum aktivieren können. Eine wichtige Rolle spielt hier die Betonung der Überraschung, der Einzigartigkeit, der Gefährlichkeit und der Tragik eines Ereignisses, d.h. die Überbetonung gewisser Nachrichtenfaktoren. (vgl. Ruhrmann 1993: 91f)
Auch graphische Hilfsmittel werden hier in letzter Zeit sowohl in Fernsehen als auch in Printmedien verstärkt eingesetzt. Beispiele dafür sind speziell für das jeweilige Ereignis kreierte Logos, die dem Zuschauer bzw. Leser auf dem ersten Blick deutlich machen sollen, dass es sich hierbei nicht um einen „alltäglichen" Beitrag handelt.

Zusammenfassend kann man also sagen, dass die Medien schon ohne explizite Bewertung der dargestellten Ereignisse, großen Einfluss auf die Wahrnehmung und Einschätzung dieser Geschehnisse bei den Rezipienten haben. Gerade bei Kriegen, die nicht in der unmittelbaren Nachbarschaft stattfinden, sind die Medienbilder meist das einzige, was der Rezipient zuhause von den Geschehnissen „miterlebt". Dem Publikum fehlt die Möglichkeit, sich mit eigenen Augen ein Bild der Situation zu machen und wir müssen daher als Rezipienten das glauben, was uns die Medien präsentieren.

3.4. Theorien zu den Folgen der medialen Wirklichkeitskonstruktion in der Kriegsberichterstattung

Spätestens der Golfkrieg 1991 war der Anstoß für zahlreiche kommunikationswissenschaftliche Auseinandersetzungen über die Auswirkungen der medialen Wirklichkeitskonstruktion in der Kriegsberichterstattung. Da die daraus resultierenden Theorien erstaunlicherweise sehr unterschiedlich ausfallen, möchte ich in diesem Punkt kurz auf einige Ansätze eingehen.

Eine besonders extreme Position zum Verhältnis zwischen Medien und Wirklichkeit vertritt Paul Virilio, der die These vom „virtuellen Krieg" vertritt. (Virilio 1991) Er geht davon aus, dass die Medien durch ihre Darstellung eine künstliche Wirklichkeit schaffen, in denen schließlich ein Krieg präsentiert wird, der jedoch mit dem „realen" Kriegsgeschehnis kaum etwas zu tun hat. In diesem „virtuellen Krieg" kämpfen nicht mehr Menschen gegen andere Menschen, sondern vielmehr sind es Maschinen bzw. Automaten, die sich gegenseitig bekämpfen, denn nur auf diese Weise lässt sich erklären, weshalb in den medial vermittelten Kriegen scheinbar keinerlei menschliche Opfer während der Kämpfe zu beklagen sind.

Diese „Virtualisierung der Kriegsgeschehnisse" war vor allem im Golfkrieg 1991 ein offensichtlicher und vieldiskutierter Bestandteil der medialen Berichterstattung. Nicht zu unrecht wurde immer wieder kritisiert, dass die von den Medien präsentierten Bilder über die Angriffe der alliierten Truppen einem Videospiel glichen. Durch diese Darstellungsweise wurde beim Publikum fälschlicherweise der Eindruck erweckt, dass bei den Kämpfen keine Opfer zu beklagen seien.

Auf die Auswirkungen einer derartig verzerrten Darstellung weist auch Jean Baudrilliard hin:
„Der Golfkrieg wird elektronisch geführt. Der Feind als Gegenüber, der persönliche Feind ist verschwunden. Der Kriegsschauplatz ist für die Beteiligten nur auf den Schirmen ihrer Radare und Zielvorrichtungen präsent. Die Kriegsereignisse selbst sind ins Ungewisse geraten." (Baudrilliard 1991b: 220, zit. aus: Löffelholz 1993: 55)

Während die beiden oben genannten Ansätze von Virilio und Baudrilliard die distanzierte Darstellung der Kriegsereignisse kritisiert, gibt es aber auch Theorien, die davon ausgehen, dass Rezipienten durch die Live-Berichterstattung über die Kriegsgeschehnisse selbst zu „partizipatorischen Zeugen" (Weibel 1991: 3, zit. in: Löffelholz 1993: 55) oder gar zu „Kollaborateuren der Vernichtung" (Lütkehaus 1991: 12, zit. aus: Löffelholz 1993: 55) werden.

Eine interessante Theorie zum Zusammenhang zwischen medialer Realität und Wirklichkeit in Kriegszeiten vertritt auch Martin Löffelholz. Er spricht von der „scheinbaren Entdifferenzierung von Krieg und Medienkrieg" (Löffelholz 1993: 55), die vor allem durch die zunehmende Technisierung der Kommunikation hervorgerufen wird. Einerseits vertritt Löffelholz mit dieser Theorie ähnlich wie Baudrilliard die Ansicht, dass die modernen Technologien zu einer Distanzierung gegenüber dem als Individuum erkennbaren „Feind" führen. Aber gleichzeitig würden sie auch eine Entdistanzierung zwischen militärischer und medialer Wirklichkeitskonstruktion bewirken. Medien und Militär wachsen laut Löffelholz in Kriegszeiten in gewisser Weise zusammen, so dass unter Umständen die Medien die Soldaten über die Folgen ihrer Angriffe informieren müssen. Dies war beispielsweise der Fall, als der US-Verteidigungsminister im Golfkrieg 1991, dem ersten „Krieg in Echtzeit", den Vollzug seiner Befehle selbst live im Fernsehen miterleben konnte. (vgl. Löffelholz 1993: 9)

4. Journalismus und Zensur in Kriegszeiten

4.1. Die Entwicklung der Zensurmaßnahmen

Nicht zu unrecht werden Medien oft als die 4. Gewalt im Staat bezeichnet, schließlich haben sie durch ihre Berichterstattung großen Einfluss darauf, wie die Öffentlichkeit bestimmte Ereignisse wahrnimmt. Im Laufe der Zeit haben vor allem Politiker und Militär erkannt, dass sie von der Vermittlungskraft der Medien abhängig sind, wenn sie ihre Interessen erfolgreich durchsetzen wollen. Mit dieser Bewusstwerdung der Einflusskraft der Medien hat auch die Bedeutung von Zensurmaßnahmen ständig zugenommen.

Kriegsberichterstattung ohne Zensur ist heutzutage nicht mehr denkbar. Entscheidender Grund dafür dürften unter anderem die negativen Erfahrungen des amerikanischen Militärs im Vietnamkrieg gewesen sein.
Damals konnten die Medien noch weitgehend frei und unzensiert vom Kriegsgeschehen berichten. Auf diese Weise gelangten auch erschreckende Bilder und Berichte von sterbenden Menschen an die Öffentlichkeit. Viele amerikanische Militärexperten waren und sind auch heute noch der Meinung, dass genau diese Medienbilder zum Meinungsumschwung in der amerikanischen Bevölkerung geführt haben. Die Antikriegsstimmung in den USA nahm damals derartige Ausmaße an, dass sich die Politiker zum Rückzug ihrer Truppen gezwungen sahen.
Im Nachhinein beschäftigten sich daher auch kommunikationswissenschaftliche Untersuchungen mit der Medienberichterstattung im Vietnamkrieg. Fundierte Beweise für den direkten Einfluss der Medienbilder auf die Einstellungsänderung der amerikanischen Bevölkerung konnte jedoch keine dieser Studien liefern.

Unbestrittene Tatsache ist jedoch, dass das amerikanische Militär seit dem Vietnamkrieg die Kontroll- und Lenkungsmaßnahmen in der Kriegsberichterstattung deutlich intensiviert hat, um auf diese Weise einen derartigen Umsturz der öffentlichen Meinung in Zukunft zu verhindern.

4.2. Ziele von Zensurmaßnahmen:

Zensur wird im Militärjargon oft auch als „Sicherheitsüberprüfung" bezeichnet.
„Zensur ist die staatliche oder militärische Überwachung, Überprüfung und Unterdrückung oder Einschränkung von Veröffentlichungen in Zeitungen, Rundfunk und Fernsehen mit dem Ziel, unerwünschte Äußerungen oder Darstellungen zu verhindern, um die Meinung der Nachrichtenkonsumenten in einseitiger Weise zu beeinflussen."
(Foggensteiner 1993: 73)

Offiziell wird die Notwendigkeit von Zensurmaßnahmen meist damit begründet, dass nur auf diese Weise dem Feind die eigene Truppenstärke, -konzentration und -bewegungen sowie die Standorte militärischer und strategischer Einrichtungen verschleiert werden können. Nebenbei dient die Einschränkung der Information auch dazu, Zahlen und Bilder von Verlusten verfälscht wiederzugeben, um damit den Gegner zu täuschen, die Moral der eigenen Truppen zu heben und die Zustimmung zum Kriegseinsatz in der Heimat zu fördern.
Bei dieser letztgenannten Funktion handelt es sich um eine Art „positiver" Zensur, bei der nicht die Zurückhaltung von Information im Vordergrund steht, sondern die strategische Lenkung durch das Militär. (vgl. Löffelholz 1993: 69f)

Im Extremfall kann die militärische Informationssteuerung sogar so weit gehen, dass die Medien als eine strategische Waffe zur Desinformation des Kriegsgegners (und der eigenen Bevölkerung) instrumentalisiert werden. Im Golfkrieg 1991 wurden unter anderem Falschmeldungen von einer geplanten Landoffensive verbreitet. Mit Erfolg, denn die irakische Armee hatte davon gehört und wurde in die Irre geleitet.
Wie bewusst diese Art der Medieninstrumentalisierung mittlerweile von den Militärs genutzt wird, bewies General Schwarzkopf, der Oberkommandierende der US-Streitkräfte im Golfkrieg 1991, als er den Journalisten für ihre gute Zusammenarbeit dankte.
(vgl. Löffelholz 1993: 34f)

4.3. Formen von Zensur:

Wie vielfältig die Möglichkeiten zur Einschränkung der Information aus Kriegsgebieten sind, beweist die Unterscheidung von direkten und indirekten Zensurmethoden.

Eine der grundlegenden Methoden zur Kontrolle der Medienberichterstattung besteht in der Vergabe von Akkreditierungen. Nur jene Journalisten, die eine solche „Aufenthaltsgenehmigung" haben, dürfen im Kriegsgebiet anwesend sein. Wer diese Erlaubnis nicht hat, ist gleichsam mit einem Arbeitsverbot belegt und kann selbst kaum über die Kriegsgeschehnisse berichten. (vgl. Foggensteiner 1993: 69)
Zusätzlich ist die Vergabe der Akkreditierungen mit strengen Verhaltens-Reglements für die Journalisten und vor allem hohen Kosten verbunden. So musste während des Golfkonflikts im Jahr 2003 jeder Reporter täglich 100 US-Dollar an das irakische Informationsministerium bezahlen, nur um im Land bleiben zu dürfen. Wer sein eigenes Satellitentelefon benutzen wollte, musste zusätzlich täglich 120 US-Dollar auf den Tisch legen und jedes Kamerateam brachte dem irakischen Informationsministerium stolze 500 US-Dollar pro Tag. (vgl. Kloss 2003: 66)

Dürfen die Journalisten schließlich dank Akkreditierung aus dem Kriegsgebiet berichten, so heißt dies noch lange nicht, dass sie wirklich schreiben bzw. sagen können, was sie wollen.
Direkte Zensurmaßnahmen bestehen auch darin, dass die Reporter alle Berichte, bevor sie diese an die Heimatredaktionen senden, Zensoren vorlegen müssen. Diese Kontrolleure überprüfen, ob das Medienmaterial den eigenen militärischen Interessen widerspricht bzw. schaden könnte.
Im Golfkrieg 2003 war es den Kameraleuten und Fotografen zum Beispiel strengstens untersagt, Bilder von militärischen Gebäuden oder Radaranlagen zu machen. Berichte, die dennoch derartige Szenen oder Abbildungen enthielten, fielen sofort der Zensur zum Opfer. Auch die „Embedded Journalists", also jene Reporter, die direkt mit den amerikanischen und britischen Truppen unterwegs waren und die vom Pentagon oft sogar als Beweis für eine objektive und

unzensierte Berichterstattung genannt wurden, mussten den Zeitpunkt ihrer Berichterstattung mit dem Truppenkommandeur absprechen und ihm ihre Berichte vor einer Veröffentlichung zur Ansicht vorlegen.

Die Zensur von Journalisten im Kriegsgebiet ist nichts Neues, sondern ist vielmehr zu einer Selbstverständlichkeit geworden, doch im Golfkonflikt 2002/2003 hat die Regierung Bush auch für Journalisten, die nicht direkt im Kriegsgebiet waren, ein strenges Medienmanagement vorgesehen. Der Grundsatz lautete dabei, dass jenen Reportern, die in ihren Berichten eine allzu kritische Meinung verbreiteten, der Zugang zu Quellen und Informationen verwehrt wurde. Der amerikanische Journalist und Medienwissenschaftler Reese Erlich beschreibt diese Methode folgendermaßen:

„Reporter einzuschüchtern ist eine klassische Waffe der jeweiligen Machthaber. Wenn ein Präsident der USA eine bestimmte Art der Berichterstattung nicht mag, kann die Administration es für die Reporter, die sich diese Berichte zuschulden kommen lassen, unmöglich machen, Insiderinformationen zu erhalten. Oder sie weigern sich, Telefonanrufe zu beantworten. Ausländische Reporter können sogar dazu gezwungen sein, die USA zu verlassen. Reporter lernen es schnell Selbstzensur zu üben – wenn sie es nicht tun, werden sie kaltgestellt."
(Solomon / Erlich 2003: 38f)

4.4. Methoden um die Zensur zu umgehen:

Dennoch muss man den Journalisten zumindest zugute halten, dass sie sich nicht einfach schicksalsergeben den Zensurmaßnahmen unterwerfen, sondern dass sie versuchen, auf unterschiedlichste Weise diese Informationskontrollen zu überlisten, um ihre Berichte möglichst unbeschnitten ans Ausland weitervermitteln zu können.
Mit Tricks wie der Verwendung von komplizierten Satzkonstruktionen und Mundartausdrücken gelingt es den Reportern immer wieder die gegnerische Zensur zu umgehen. Manche Redaktionen machen sich auch regelrechte Codes mit ihren Reportern aus, die

immer dann eingesetzt werden, wenn die Redefreiheit beschränkt wird.
(vgl. Foggensteiner 1993: 88)
Was das Bild- und Filmmaterial betrifft, so ist vor allem das Hinausschmuggeln mit der Diplomatenpost eine beliebte Methode um das Rohmaterial hinter den Augen der Zensoren ins Ausland zu schaffen.

4.5. Moderne Konzepte der Medienkontrolle in Kriegssituationen:
4.5.1. „Journalisten-Pools"
Eine andere sehr effektive Form der Kontrolle der Journalisten in den Kriegsgebieten ist die Einrichtung von so genannten „Journalisten-Pools".
Dieses System wurde im Golfkrieg 1991 perfektioniert. Dabei wurden ausgewählte Journalisten zu Gruppen zusammengefasst, wobei vor allem im 2.Golfkrieg auffiel, dass die 80 bis 100 „pool"-Plätze für die Front fast ausschließlich an „Vertrauensleute" (Amerikaner, Briten, Franzosen und Saudis) vergeben wurden. Anderen Reporter aus aller Welt haben somit nur eine geringe Chance sich selbst ein Bild der Lage zu machen. Sie müssen sich mit den zensierten Bildern und Berichten ihrer Kollegen zufrieden geben, die in den „pools" sind.
Aber nicht nur durch das „pool"-System „bewachen" die alliierten Truppen die Journalisten. Auch die Kontrolle der Transportmittel sowie die Abhängigkeit von militärischen Kommunikationsanlagen macht eine eigenständige und unabhängige Berichterstattung der Journalisten nur schwer möglich. (vgl. Foggensteiner 1993: 77)
John MacArthur bezeichnet diese Kombination von „pool"-Journalisten und Kontrolle der Transportmittel als „das Informationsmanagement der Militärs".
(zit. aus: Foggensteiner 1993: 77)

4.5.2. „Embedded Journalists"
Auf Grund der Kritik, dass die US-Militärs im Golfkrieg 1991 den Informationsfluss so stark eingeschränkt hätten, dass die Weltöffentlichkeit nur eine verzerrte Darstellung des Kriegsgeschehens bekam, brachte der Golfkrieg 2003 schließlich eine ganz neue Form der „Einbettung" von Journalisten im Kriegsgebiet.

Erstmals waren mehr als 500 ausgewählte Reporter direkt mit den amerikanischen und britischen Truppen an vorderster Kampffront unterwegs. Vor der „Einbettung" musste jeder Reporter einen einwöchigen Trainingskurs auf einem amerikanischen Militärstützpunkt absolvieren, Bei diesem Training wurde die Fitness der Reporter auf die Probe gestellt. Nur wer diese Tauglichkeitsprüfung durch das Militär bestand, erhielt auch die Genehmigung zur Anwesenheit im Kriegsgebiet. Das Pentagon begründete die Notwendigkeit solcher Tests damit, dass nur auf diese Weise sichergestellt werden könne, dass die Journalisten an der Front keine Belastung für die Streitkräfte darstellen.

Nach erfolgreich absolviertem Trainingskurs bekamen die Reporter vom Militär ihre notwendige „Kriegsausrüstung" zur Verfügung gestellt. Rein äußerlich unterschieden sich somit die „Embedded Journalists" kaum von den Soldaten, denn sie trugen die gleichen Westen, Helme und Schutzanzüge, schliefen mit ihren Militärkollegen in Zelten und erlebten den täglichen Kampf ums Überleben hautnah mit. Auf diese Weise entstand ein sehr enger, oft sogar freundschaftlicher Kontakt zwischen den Medienvertretern und den Soldaten. Verstärkt wurde dieses Verhältnis durch die Tatsache, dass schließlich auch die Gesundheit und das Leben der Journalisten vom Militär abhingen.

Maßgeblich betrieben wurde das Konzept des „embedded journalism" von der Pentagon-Sprecherin Torie Clarke, die auf diese Weise den Amerikaner ermöglichen wollte, dass sie sehen und erfahren können, „wie unglaublich toll diese jungen Männer und Frauen" (zit. nach: Supp 2003: 88) seien.

Zudem dienten die „eingebetteten" Journalisten dem Pentagon immer wieder als Entschuldigung für andere Zensurmaßnahmen.

Von Seiten der Medien liefen die Meinungen über die Vor- und Nachteile dieser neuen Art der Kriegsberichterstattung hingegen stark auseinander. Eine vorsichtig-positive Bilanz über die Berichterstattung im Golfkrieg 2003 ziehen RTL-Informationsdirektor Hans Mahr und sein Kollege Claus Larass , die überzeugt sind, dass sich auch das Konzept der „eingebetteten Journalisten" bewährt habe, weil es ganz neue Einblicke in Kämpfe ermöglicht habe. (vgl. Hornig 2003: 162)

Dennoch muss man darauf hinweisen, dass auch die „embedded journalists" keineswegs frei von Zensur berichten konnten. Das Pentagon erließ eine Reihe von Verboten, so durften zum Beispiel keine Blitz- oder Kameralichter beim Nachtkrieg verwendet werden, keine Abbildungen identifizierbarer Orte oder Berichte vom Kriegsbeginn gezeigt werden. Zusätzlich mussten alle Beiträge vor ihrer Übermittlung dem zuständigen Kommandeur vorgelegt werden. Wer diese Verhaltensregeln nicht beachtete, riskierte damit den sofortigen Ausschluss aus dem „Embedded-Programm". (vgl. ebd.)

Eine eher kritische Einstellung zur Qualität der Kriegsberichterstattung 2003 zeigte sich auch bei einem Medientreffen in Berlin, bei dem Medienvertreter über Voyeurismus und Wahrheitsfindung im Krieg debattierten. Es wurde dabei vor allem bemängelt, dass die „Embedded Journalists" zwar sehr detaillierte Einblicke in die Kampfhandlungen ermöglichten, dass dabei jedoch die Sicht des Ganzen fehlte, wodurch die Zuschauer keine wertvollen Informationen erhalten hätten. Dieser Mangel lässt sich dadurch erklären, dass den „eingebetteten" Journalisten die Möglichkeit zu weiterführenden Recherchen fehlte. Sie waren mit den Truppen unterwegs und erlebten somit auch nur einen ganz kleinen Teil des Krieges mit, diesen dafür jedoch ganz hautnah. (vgl. Supp 2003: 88)

4.6. Exkurs: Die Risiken der Journalisten im Kriegsgebiet:

Durch die Veränderung der Rolle von Reportern in bewaffneten Konflikten, hat sich auch ihr Risiko deutlich erhöht. Heutzutage können die medial vermittelten Bilder und Berichte kriegsentscheidende Bedeutung bekommen. Damit rücken auch gleichzeitig die Kameraleute und Korrespondenten ins Zentrum militärstrategischer Planungen und können auf diese Weise leicht zur Kriegszielen und Gegnern werden.
Unter diesem Gesichtspunkt erscheint es auch nicht mehr verwunderlich, dass im Golfkrieg 2003 sowohl das Bagdader Sendebüro von al-Dschasira als auch das Hotel „Palestine", von wo aus die meisten westlichen Journalisten berichtet haben, von US-Soldaten unter Beschuss genommen wurde. Ob die Erklärung des amerikani-

schen Militärs, dass es sich bei diesen Angriffen um Notwehr und Verteidigung gehandelt habe, tatsächlich zutrifft, sei dahingestellt. Einzige unumstößliche Tatsache dieses Zwischenfalls bleibt jedoch der Tod von drei Medienvertretern.

Wie gefährlich es für Journalisten sein konnte, auf eigene Faust an die Front zu fahren, zeigte sich an einigen mutigen Reportern, die bei einem derartigen „Ausflug" beschossen, gefangen genommen oder sogar getötet wurden.
Die Journalisten wissen über diese Gefahren sehr genau Bescheid, wie auch ARD-Kriegsreporter Christoph Maria Fröhder bestätigt: „Sicher ist, dass die US-Truppen keine große Freude an unabhängigen Journalisten hatten. Es wurde gedroht, auf uns zu schießen. Zwei-, dreimal schossen sie an unserem Wagen knapp vorbei." (zit. aus: Supp 2003: 88)

Die Bilanz über den Golfkrieg 2003 fiel blutig aus, was die Opfer bei den Journalisten betrifft: Während der Hauptphase der kriegerischen Auseinandersetzungen fielen 12 von über 1000 Journalisten, diese Todesrate war zehnmal so hoch wie jene der angloamerikanischen Truppen. (Hornig 2003: 161)

4.7. Problem der Selbstzensur in den Medien

Doch es ist nicht allein die Zensur der Kriegsführenden, die zur Zurückhaltung gewisser Informationen führt. Alexander Foggensteiner weist auch auf die Problematik der Selbstzensur der Medien. Es sei oft gar nicht der Zensor der kriegsführenden Parteien, sondern der Journalist selbst, der sein Material einer kritischen internen Zensur unterwirft und dabei versucht, seine Berichte in Einklang mit den Herrschenden bzw. der Heimatredaktion zu bringen.
Vor allem in Amerika spielt der Patriotismus auch bei den Medien eine so bedeutende Rolle, dass viele Journalisten ihre Berichte daran anpassen. Paul Krugman, ein Kolumnist der „New York Times" macht für die oft sehr einseitige Berichterstattung die Grundstimmung in Amerika verantwortlich, durch die „jeder, der die Außenpolitik kritisiert, als unpatriotisch angeklagt wird" (zit. aus: Kilian 2003: 116).

Zusätzlich versuchen gerade die großen Medienkonzerne aufgrund des ständig zunehmenden Konkurrenzdrucks ihre Berichte so zu gestalten, dass sie hohe Einschaltquoten bzw. Auflagen garantieren. Profitstreben wird somit wichtiger als das demokratische Gut der freien Berichterstattung. (vgl. Foggensteiner 1993: 31)

Dieses Zusammenspiel von Zensur und Selbstzensur kann so weit führen, dass Journalisten, die es wagen, sich kritisch über die Kriegspläne der eigenen Regierung zu äußern, ihren Job aufs Spiel setzen.

4.7.1. Der Einfluss der Rüstungsindustrie in die amerikanische Medienlandschaft

Neben Zensur und Selbstzensur spielt in Amerika aber auch noch ein dritter Punkt eine entscheidende Rolle bei der Art der Berichterstattung:

Die meisten amerikanischen Medienunternehmen werden von Rüstungskonzernen gesponsert oder gehören Firmen an, die am Rüstungssektor stark beteiligt sind. Der größte US-Fernsehsender, NBC, gehört dem weltweit größten Rüstungskonzern, General Electric. Einer der wichtigsten Förderer Bushs, Rupert Murdoch, besitzt neben Fox weltweit 140 Boulevardzeitungen, sein Imperium dominiert den Zeitungsmarkt in Großbritannien, Australien und Neuseeland. Alle diese Zeitungen haben massiv Stimmung zugunsten des Irak-Kriegs gemacht. Dazu kommt noch die Tatsache, dass in praktisch allen Verwaltungsräten der US-Medienunternehmen Vertreter solcher Firmen sitzen und damit auch die Ausrichtung der Berichterstattung mitbeeinflussen können.

Meier kommt daher in Hinblick auf den Golfkrieg 1991 zu dem Schluss, dass es „nicht das Pentagon war, das den Fernsehanstalten nahe legte, keine unterschiedlichen und konträren Informationsquellen und Standpunkte zu benutzen oder sogar befahl, unabhängige Experten und Kritiker der offiziellen Politik nicht am Bildschirm erscheinen zu lassen; es waren die Medienunternehmen selbst, die freiwillig ihre Denkperspektiven und Optionen einengten." (Meier 1996: 151)

4.8. Zensur als Entschuldigung für schlechte Kriegsberichterstattung?

Krieg und Zensur sind sicherlich zwei nicht voneinander zu trennende Dinge, doch es stellt sich die Frage, inwieweit sich der Journalismus dieser Informationsbeschränkung tatsächlich unterwerfen muss.

In vielen Kriegen diente der Verweis auf die Einschränkungen durch die Zensur als eine Entschuldigung für Journalisten, um ihre ungenügenden Vermittlungsleistungen zu legitimieren.
Doch gegen diese These der journalistischen Ohnmacht haben sich mittlerweile kritische Stimmen erhoben. So argumentierte zum Beispiel Gödde nach dem Golfkrieg 1991, dass der Journalismus ein selbstreferenzielles System sei und damit auch prinzipiell autonom, auch vom Militär. Auf Grund dieser Autonomie der Journalisten sei eine Übernahme der vom Militär präsentierten Wirklichkeitsmodelle auch in Kriegszeiten nicht notwendig. Gödde kritisiert, dass das System Journalismus „nur auf die Selbstverwirklichung, auf die Selbsterhaltung ziele" und es versäumt hat, „den Vorgang der Zensur selbst zu thematisieren, Schritt für Schritt ausführlich darzustellen und den Wert der Bilder, anhand von Beispielen, zu diskutieren". (Gödde 1992: 270 zit. nach: Löffelholz 1993: 21)

Im Rückblick auf den Golfkriegs 2003 zeigte sich jedoch, dass die Medien mittlerweile deutlich kritischer mit den von den Militärs zur Verfügung gestellten Materialien umgingen. Probleme wie Zensur und Informationsbeschränkung wurden immer wieder thematisiert und das Publikum auf die Möglichkeit von militärisch verfälschten Informationen hingewiesen. So wurden zum Beispiel die Leser der Online-Ausgabe des „Standard" darauf aufmerksam gemacht, dass sämtliche Berichte immer in Hinblick auf die Zensur der kriegsführenden Länder zu betrachten seien und dass die Artikel vermutlich nur einen gewissen Teil der Wahrheit darstellen können.
Interessant fand ich auch den Umgang mit den zensurierten Darstellungen in den Nachrichtensendungen der ZIB. Wenn die Korrespondenten im Kriegsgebiet zur aktuellen Situation im Irak befragt wurden, leiteten die Moderatoren dies meist mit den Worten „was

KÖNNEN sie uns berichten" ein. ZIB-Moderatorin Ingrid Thurnher erklärte dazu in einem Interview, dass mit dem Wort „können" implizit darauf hingewiesen werden soll, dass die Korrespondenten immer nur einen kleinen Bereich von dem, was sie eigentlich wissen bzw. gesehen haben, an die Öffentlichkeit weitergeben können, da ihre Berichte immer der irakischen und amerikanischen Zensur unterworfen sind.

5. Propaganda

Neben den im vorangegangen Kapitel erläuterten Zensurmaßnahmen spielt vor allem die Propaganda eine wichtige Rolle im militärischen Informationsmanagement.
Im Verlauf der 150 Jahre Kriegsberichterstattung hat sich sehr klar gezeigt, dass die Nachrichtenlenkung durch Politiker oder Militär umso erfolgreicher ist, je strenger die Zensurmaßnahmen sind.
Dieser Zusammenhang lässt sich leicht nachvollziehen: Zentraler Ansatzpunkt des militärischen Informationsmanagement sind die Medien. Diese wollen und müssen auch in Kriegszeiten ihre Aufgabe der Nachrichtenvermittlung erfüllen und dazu brauchen sie ausreichend Nachrichten, Bilder und Töne. Da derartige Materialien in Kriegen meist Mangelware sind, müssen Medien auch immer wieder die zur Verfügung gestellten militärischen Informationen übernehmen, wenn sie nicht völlig auf eine Berichterstattung verzichten wollen. Medienethische Überlegungen bleiben dabei auf Grund ökonomischer Interessen oft auf der Strecke.

Politiker und Militär beschränken und behindern die Informationen aus dem Kriegsgebiet, um auf diese Weise die Verbreitung von eigenproduziertem Propagandamaterial zu unterstützen.

Bevor ich nun näher auf die Propagandamaßnahmen eingehe, soll erst definiert werden, was unter dem Begriff verstanden wird.
Propaganda wird im Duden-Fremdwörterbuch als die „systematische Verbreitung politischer, weltanschaulicher o.ä. Ideen und Meinungen (mit massiven publizistischen Mitteln) mit dem Ziel, das allgemeine (politische) Bewusstsein in bestimmter Weise zu beeinflussen" (Duden Fremdwörterbuch 1997: 663) definiert. Außerdem wird der Begriff Propaganda auch als Synonym für Werbung und Reklame erklärt. Daher kann man Propaganda als eine Art „Werbung" für Krisen oder Kriege ansehen.

Vorrangiges Ziel dieser „Kriegswerbung" besteht darin, den Kampfeswillen des Feindes zu schwächen und den Gegner in die Irre zu führen. Gleichzeitig soll aber auf diese Weise auch der Kampfeswillen in den eigenen Reihen gestärkt, die öffentliche Meinung für den

Krieg mobilisiert sowie die Unterstützung der eigenen Bevölkerung gewonnen werden. (vgl. Foggensteiner 1993: 58)
Philip Knightley hat in seinem Standardwerk über Kriege und Medien „The First Victim" einige grundlegende Charakteristika der Kriegsberichterstattung aufgezeigt, die die Bedeutung von Zensur und Propagandamaterial widerspiegeln:

1. Vor allem in Kriegszeiten ist es das Ziel jeder Regierung die Medien zu kontrollieren, um auf diese Weise die Öffentlichkeit für ihre Kriegspläne zu gewinnen.
2. Um dies zu erreichen, schrecken die Politiker und Militärmachthaber auch nicht davor zurück, die Medien mit verfälschten Informationen zu beliefern.
3. Berichterstatter, die diese Propaganda-Meldungen ungeprüft übernehmen, sei es nun aus Patriotismus, persönlichen Überzeugungen oder Ambitionen, werden zu „Komplizen" der Regierung.
4. Teilweise unterstützen die Medieninhaber diese propagandistischen Lügen der Regierung aber auch ganz bewusst, weil sie um ihren politischen und wirtschaftlichen Erfolg bangen.
5. Verlieren die Regierungen trotz aller Bemühungen die Kontrolle über die Medien, so gibt es immer noch die Möglichkeit sich direkt an die Bevölkerung zu wenden, zum Beispiel durch den Einsatz von „Spin doctors" (pro-aktive Meinungsmacher) oder aber PR-Agenturen, mit deren Hilfe die öffentliche Meinung beeinflusst werden soll.

(zit. nach: Albrecht / Becker 2002: 66)

Wenn diese Propagandastrategien der Politiker und des Militärs tatsächlich in der medialen Berichterstattung ihren Niederschlag finden, so stellt dies die Qualität des Kriegsjournalismus eindeutig in Frage.

5.1. Entwicklung der Propaganda-Methoden

Mit der Veränderung und Weiterentwicklung der Kommunikationsmittel und Übertragungstechnologien haben sich auch die Formen und Ausmaße der Propagandamaßnahmen vervielfacht. Waren es früher in erster Linie Flugblätter oder durch Lautsprecher verbreitete Reden und Lieder, so spielt heutzutage vor allem das Fernsehen eine wichtige Rolle in der Verbreitung von patriotisch ausgerichteten Botschaften.
In unserer modernen Multimediagesellschaft werden derartige Propaganda-Berichte inzwischen oft sogar nach genauen Regie-Anweisungen inszeniert, um auch dem actionverwöhnten Publikum „spannende Informationen" bieten zu können.

Ein besonders makabres Beispiel dafür war die Berichterstattung über die Befreiung der US-Soldatin Jessica Lynch im Golfkonflikt 2002/03. Die 19-Jährige wurde angeblich in einer Nacht und Nebel-Aktion von ihren Kollegen aus einem irakischen Krankenhaus befreit. Die Aktion wurde mittels einer Nachtsichtkamera hollywoodreif gefilmt. Jessica Lynch wurde in den US-Medien als Heldin des Kriegs gefeiert, deren Geschichte sogar von NBC verfilmt werden sollte. Im Nachhinein stellte sich diese Befreiungsaktion jedoch als reine Inszenierung des US-Militär heraus. (vgl. Osang 2003: 64ff)

Ein weiteres Beispiel für die Inszenierung von Medienmaterial durch die Amerikaner ist der weltweit übertragene Sturz der Saddam-Statue in Bagdad, der ein Symbol für den amerikanischen Kriegserfolg darstellen sollte. In den amerikanischen TV-Berichten wurde eine jubelnde irakische Masse gezeigt. Ein Foto der britischen Nachrichtenagentur Reuters machte jedoch deutlich, dass diese „Masse" aus nur ca. 150 Personen bestand, die sich auf dem von US-Panzern abgeriegelten großen Platz fast verlor. Unter den „spontanen" Demonstranten waren Gesichter zu erkennen, die schon wenige Tage vorher im TV gezeigt wurden.

5.2. Propaganda als Gefahr für eine objektive Kriegsberichterstattung:

Nach wie vor gilt die Objektivität als ein wichtiges Kriterium qualitativ hochwertigen Journalismus.
Doch gerade in Krisensituationen stellt sich immer wieder die Frage inwieweit dieses Ideal überhaupt realisiert werden kann.
Foggensteiner ist der Meinung, dass ein Kriegsberichterstatter nicht objektiv sein kann, „wenn sich vor seinen Augen Kriegsverbrechen abspielen. [...] Bei Fotos oder im Fernsehen gibt schon das subjektive Bild der Kamera den Standpunkt vor. Objektive Kriegsberichterstattung ist aber auch sonst nur sehr schwer möglich, weil sich die Zuschauer zu Hause gerne mit einer Seite identifizieren." (Foggensteiner 1993: 83)

Und auch wenn sich die Journalisten bei ihrer täglichen Arbeit um das Ideal der Objektivität bemühen, ist es für sie oft schwer, die Kriegsgegner nicht in die Kategorien „gut" und „böse" einzuordnen.
Bei all seinen Beobachtungen, der anschließenden Auswahl der Nachrichten und den dabei getroffenen Einschätzungen wird der Reporter oft ganz unbewusst von den Propagandamaßnahmen beider Kriegsparteien beeinflusst. Zusätzlich spielen auch die Erwartungshaltung der Zuschauer sowie die Positionierung der eigenen Heimatredaktion eine nicht zu verachtende Rolle. (vgl. Foggensteiner 1993: 83)

Inwieweit Reporter aus Kriegsgebieten in ihren Berichten trotz Propaganda das tatsächliche Geschehen im Kampfgebiet abbilden können, hängt auch stark davon ab, ob den Journalisten neben den offiziellen Militäraussagen noch andere Informationsquellen zur Verfügung stehen.

5.3. Medien als „Kriegsanheizer"?

Medien laufen nicht nur durch die ungeprüfte Verwendung von militärisch vermittelten Informationen Gefahr für Propagandamaßnahmen instrumentalisiert zu werden, sondern sie können auch

selbst durch ihre Art und Weise der Berichterstattung über Krisengebiete zu „Kriegsanheizern" werden. Wenn nämlich ständig über die Drohungen der Kriegsgegner berichtet wird und diese Darstellungen im Laufe der Zeit immer dramatischer inszeniert werden, oder wenn detailliert über militärische Aufrüstungsaktionen im Gebiet berichtet wird und schon vorab über die geographischen und regionalen Gegebenheiten im Hinblick auf Kampfeshandlungen berichtet wird, dann kommt dies ebenfalls einer Form der Propaganda gleich, welche die Zustimmung des Publikums zu einem Kriegseinsatz steigern soll. (vgl. Ruhrmann 1993: 89)
Nicht ganz zu Unrecht, mussten sich daher die Medien wiederholte Male den Vorwurf gefallen lassen, dass sie als „Anheizer" oder Kondukteur des Krieges gewirkt hätten.
(vgl. Löffelholz 1993: 90)

6. Bedeutung und Funktionsweise stereotyper Systeme

Um den Einsatz und die Konstruktion von Vorurteilen, Stereotypen und Feindbildern in der Kriegsberichterstattung untersuchen zu können, muss zunächst die soziale und psychologische Bedeutung derartiger Vorstellungen geklärt werden.

6.1. Die Bedeutung der menschlichen Wahrnehmungsmechanismen für stereotype Systeme

Da das Denken in stereotypen Schemata seinen Ursprung im menschlichen Bedürfnis nach einer möglichst einfach überschaubaren Umwelt hat, ist an dieser Stelle ein kurzer Überblick über die Charakteristika der menschlichen Wahrnehmung notwendig.

6.1.1. Wahrnehmung

Welche Aspekte der Mensch von seiner Umwelt wahrnimmt, wird stark von bereits vorhandenen Wahrnehmungskategorien und Ordnungsprinzipien des Individuums beeinflusst, d.h. jeder nimmt nur das wahr, von dem er bereits aus vorangegangener Erfahrung festgestellt hat, dass es für ihn von Interesse und Bedeutung ist. Neue Reizimpulse werden mit dem bereits im Gedächtnis gespeicherten Wissen verglichen und anschließend eingeordnet. Die neu aufgenommenen Informationen können in einem Verarbeitungsprozess einerseits neue Kategorien generieren oder andererseits aber auch bereits gespeicherte Informationen verändern und auf diese Weise neue Wahrnehmungsprozesse beeinflussen.

Da jedoch das menschliche Gehirn nur eine begrenzte Menge an Reizen verarbeiten kann, muss jedes Individuum aus der Masse an einströmenden Informationen gezielt einzelne Aspekte auswählen. Der Mensch versucht dabei subjektiv Wichtiges vom Unwichtigen zu trennen, um somit Ordnung in die hochkomplexe Welt zu bringen und eine Verarbeitung der neuen Informationen überhaupt erst zu ermöglichen.

Diese Selektion der einströmenden Reize erfolgt immer in Abhängigkeit von bereits getätigter Wahrnehmung, d.h. durch das daraus entstandene und im Gedächtnis gespeicherte Kategoriensystem. Auf

diese Weise kann der Fall eintreten, dass zwei Personen ein und
dasselbe Ereignis völlig unterschiedlich miterleben, weil sie auf
Grund verschiedener Vorerfahrungen und Interessen jeweils andere
Aspekte einer Situation wahrnehmen. (vlg. Ohde 1994:17ff)

An dieser Stelle möchte ich bereits darauf hinweisen, dass diese Abhängigkeit neuer Wahrnehmungen von vorhandenen kognitiven Strukturen auch die Grundlage für die Konstruktion von Stereotypen und Vorurteilen bildet. Werden etwa bei der Bildung der Wahrnehmungskategorien relevante Informationen systematisch (motivbedingt) unberücksichtigt und sind die gespeicherten Ordnungsmuster zusätzlich stark mit Emotionen besetzt, so können dadurch schwer korrigierbare Vorurteile entstehen.
Feindbilder und Vorurteile sind somit gleichzeitig der Ausdruck und das Ergebnis von Wahrnehmungen, die jeder Mensch in seiner alltäglichen Umwelt macht.

6.1.2. Wissen
Wahrnehmung und Wissen hängen eng miteinander zusammen und beeinflussen sich gegenseitig. Da wir bei jedem Wissenserwerb auf Informationen unserer Sinnesorgane angewiesen sind, d.h. auf unsere Wahrnehmungen, kann Wissen als „das Produkt vielzähliger Wahrnehmungen" (Ohde 1994: 21) verstanden werden. Im Gegenzug beeinflusst aber das gespeicherte Wissen alle weiteren Wahrnehmungen, da diese immer in Hinblick auf vorangegangene im Gedächtnis gespeicherte Wahrnehmungen erfolgen bzw. eingeordnet werden. Erst durch diesen Vergleich der aktuellen Wahrnehmungen mit dem im Gedächtnis gespeicherten Wissen gelangt der Mensch schließlich zur Erkenntnis.
(vgl. Ohde 1994: 21)

6.1.3. Einstellungen
Die Einstellungen eines Individuums setzen sich einerseits aus seinen Wahrnehmungen, seinem Wissen und seiner Erkenntnis zusammen, werden aber andererseits auch durch die Umwelt beeinflusst. So übernehmen zum Beispiel Kinder in der Sozialisationsphase häufig durch Imitationsverhalten die Einstellungen ihrer Eltern oder Freunde.

Versucht man den Begriff der Einstellung genau zu definieren, so stößt man dabei auf Schwierigkeiten, da in diesem Zusammenhang viele verschiedene Termini gebraucht werden, wobei ein Begriff häufig durch den anderen erklärt wird. Christina Ohde gibt dazu einen sehr guten Überblick über die unterschiedlichsten Definitionsversuche zum Einstellungsbegriff. (vgl. Ohde 1994: 25ff)
Ich möchte hier jedoch nicht näher auf diese Konzepte eingehen, sondern mich im Rahmen dieser Arbeit der Definition von Oerter anschließen, der davon ausgeht, dass Einstellungen „Überzeugungen bzw. innere kognitiv-affektive Strukturen sind, die Wertorientierungen bereitstellen" (Ohde 1994: 26) und demzufolge bestimmt Oerter „attitudes" als „subjektive Reaktion auf einen Wert" (Oerter 1978: 11).
Werte sind in diesem Zusammenhang als „erworbene Hypothesen gegenüber sozialen bzw. sozial bedeutsamen Objekten und Situationen" (ebd.: 126) zu verstehen.

Die Werte spielen eine entscheidende Rolle, wie der Mensch neue Objekte aus seiner Umwelt wahrnimmt und einschätzt. Die Einstellungen des Individuums stellen gespeicherte Werthaltungen zu ähnlichen Objekten bereit, mit denen nun unbekannte Umwelteindrücke verglichen und später dementsprechend eingeordnet werden. Einstellungen haben somit einen nicht zu verachtenden Einfluss darauf, „wie das Individuum die Welt sieht und es sich in ihr verhält" (Ohde 1994: 27).
Sie helfen aber nicht nur bei der Strukturierung und Reduzierung der Umwelteindrücke, sondern sind gleichzeitig auch ihr Produkt. Durch die ständig ablaufenden Wahrnehmungs- und Bewertungsprozesse entsteht schließlich ein Netzwerk von Einstellungen. (vgl. ebd.)

Auch zu den Strukturen von Einstellungen findet man in der Einstellungsforschung unterschiedliche theoretische Konzepte. Ich möchte an dieser Stelle nur kurz die wohl am häufigsten zitierte Theorie der kognitiven Dissonanz von Festinger erwähnen.
Gemäß diesem Ansatz versucht jeder Mensch „seine Überzeugungen, Meinungen, Wissensbestände und Werte miteinander in Einklang zu bringen" (Oerter 1978: 43) und so das Bedürfnis nach einer

Konsonanz der Erkenntnisse zu erfüllen. Erzeugen neue Erkenntnisse einen Dissonanzzustand, so versucht der Mensch diesen abzubauen. Hierfür lassen sich drei Strategien erkennen:
1. Jene Erkenntnisse, welche die Dissonanz auslösen, werden verändert.
2. Um die Dissonanz abzubauen, werden neue kognitive Elemente gesucht, die konsonant zu den bestehenden Einheiten sind.
3. Die Bedeutsamkeit jener Erkenntnisse, die Dissonanz verursachen, wird reduziert. (vgl. Oerter 1978: 44)

Diese Theorie von Festinger ermöglicht auch einen Einblick in die Wahrnehmungs- und Bewertungsvorgänge von neuen Informationen. Es kommt immer wieder vor, dass wir neue Informationen erhalten, die mit unseren bestehenden Überzeugungen im Widerspruch stehen. Es entsteht somit eine Dissonanz, die umso größer ist, je weiter die neue Information von der Position des Individuums entfernt ist. Mit steigender Dissonanz nimmt auch die Bemühung um eine Reduktion der Spannung zu, weshalb Festinger schließlich zu der Behauptung kommt, dass die Meinungsänderung umso größer ist, je konträrer die neuen Informationen sind. (vgl. Oerter 1978: 50f) Einschränkend bekennt Festinger aber auch, dass widersprechende Informationen die Einstellung eines Individuums nur dann ändern können, wenn die Person nicht mit der konträren Information rechnet; d.h. weiß ein Mensch, dass die neuen Informationen der eigenen Meinung widersprechen, so wird er bereits im Vorhinein versuchen, die dissonanten Elemente zu meiden, um auf diese Weise den unangenehmen Spannungszustand zu vermeiden. Gleichzeitig wird verstärkt nach konsonanten Elementen gesucht, um so die eigene Position zu bekräftigen.

Aber auch die Quelle und der Realitätsbezug der neuen Informationen spielen eine Rolle bei der Dissonanzentwicklung: Je bedeutender die Quelle eingeschätzt wird, von welcher das Individuum neue der eigenen Einstellung widersprechende Informationen erhält, desto größer ist die Dissonanz. Und vor allem jene Informationen, die keinen direkten Realitätsbezug haben, d.h. die nicht eindeutig anhand der Realität nachgewiesen werden können, führen bei der Konfrontation mit anderen Meinungen zu Dissonanz.

Da, wie ich später noch genauer darstellen werde, bei der Bildung von Stereotypen, Vorurteilen und Feindbildern die Gruppenzugehörigkeit eine entscheidende Rolle spielt, wird sie auch von Festinger besonders berücksichtigt. Er geht davon aus, dass je größer die Zahl der Personen ist, die eine gemeinsame Überzeugung haben, desto geringer fällt die Dissonanz bei Bekanntwerden einer widersprechenden Meinung aus. Konträre Haltungen werden von den Mitgliedern der Gruppe als unbedeutend ausgeblendet. Oerter spricht in diesem Zusammenhang von der „Verleugnung der Realität als Mittel der Dissonanzreduktion" (Oerter 1978: 56)
Diese Bedeutung der Gruppenmeinung erklärt schließlich auch, weshalb stereotype Vorstellungsmuster auch durch widersprüchliche Erkenntnisse nur schwer wieder auszulöschen sind und oft über Generationen hinweg unverändert weitergegeben werden.

6.2. Stereotype Systeme

Stereotype, Feindbilder und Vorurteile sind Sonderformen von Einstellungen und werden in den Sozialwissenschaften unter dem Begriff „stereotype Systeme" zusammengefasst, die definiert sind als „verfestigte, vereinfachte, gefühlsgesättigte, dynamische, ganzheitlich strukturierte Systeme zur Bewältigung allgemeiner, aber auch spezieller Situationen personaler wie apersonaler Art, in der ständig begegnenden Welt, denen die objektive, notwendige empirische Begründung mangelt." (Bergler 1966: 100)

Zweifellos besteht ein enger Zusammenhang zwischen Image, Stereotyp, Vorurteil und Feindbild, denn all diesen Vorstellungsmustern liegt die primäre Aufgabe der Reduktion von Komplexität zugrunde. Sie sollen den Menschen helfen, die Umwelteindrücke in Kategorien einzuordnen und somit Orientierung zu ermöglichen. Images, Stereotype, Vorurteile und Feindbilder stehen daher immer in einem engen Wechselverhältnis mit der Realität: „Sie sind sowohl Folge wie auch Instanzen selektiver Wahrnehmung und Informationsverarbeitung. Informationen, die nicht mit einmal gebildeten Vorstellungen von einem Objekt bzw. Subjekt übereinstimmen, werden ignoriert oder umgedeutet." (Ohde 1994: 32)

Die Reduktion der Umweltkomplexität durch Image, Stereotyp, Vorurteil oder Feindbild verursacht somit stets eine unzulässige Vereinfachung und Verallgemeinerung des jeweiligen Betrachtungsgegenstandes. Problematisch wird dies zudem, da meist Einzelerfahrungen zu Allgemeinaussagen gemacht werden.

Trotz dieser Gemeinsamkeiten von Images, Stereotypen, Vorurteilen und Feindbildern lohnt sich auch eine getrennte Betrachtung der einzelnen Ausprägungen.
Christina Ohde geht davon aus, dass Image, Stereotyp, Vorurteil und Feindbild in einem hierarchischen Verhältnis zueinander stehen, wobei sich hierarchisch hauptsächlich auf den Extremitätsgrad der jeweils damit verbundenen Emotionen bezieht. Am besten veranschaulichen lässt sich dieses Verhältnis in Form einer Pyramide, wobei jeder Sektor nur ein Teilelement der unter ihm liegenden Elemente ist. Die Basis dieser Pyramide bilden die Images, darüber folgen Stereotype, jenen wiederum die Vorurteile und an der Spitze der Pyramide liegen als extremste Ausprägung aller darunterliegenden Aspekte die Feindbilder.
Diese „Einstellungspyramide" soll veranschaulichen, dass man nur von Gruppen, die auch ein Image haben, Stereotype bilden kann. Aus diesen Stereotypen können sich in der Folge Vorurteile entwickeln, die wiederum im Extremfall zu Feindbildern werden.
(vgl. Ohde 1994: 30f)

Was die Charakteristika der einzelnen Einstellungsausprägungen angeht, soll hier zunächst eine grobe Unterscheidung der Begriffe vorgenommen werden. Grundsätzlich kann man davon ausgehen, dass Image und Stereotyp noch überwiegend beschreibenden Charakter haben, während Vorurteil und Feindbild zusätzlich auch Bewertungen des Beobachtungsgegenstandes enthalten. Diese Vorstellungen (bzw. Bewertungen) können bei Images, Stereotypen und Vorurteilen sowohl positiv als auch negativ ausfallen. Bei Feindbildern wird jedoch der jeweilige Beobachtungsgegenstand auf einige wenige ausschließlich negative Merkmale reduziert.

Images, Stereotype, Vorurteile und Feindbilder spielen im gesamten Sozialisationsprozess eine große Rolle und werden meist von Generation zu Generation weitergegeben. Kinder übernehmen oft durch Beobachtung und Nachahmung die Einstellungen ihrer Eltern, Geschwister oder Freunde. Auch die Massenmedien und hier vor allem das Fernsehen spielen in dieser Sozialisationsphase eine nicht zu unterschätzende Rolle.

Fest tradierte Vorstellungskomplexe können großen Einfluss auf unsere Wahrnehmung der Wirklichkeit haben. Durch Images, Stereotype, Vorurteile und Feindbilder haben wir bereits vor einem Primärkontakt fixe Vorstellungen davon, wie bestimmte Völker bzw. Menschen einzuschätzen sind. Alle Ereignisse und Informationen, die diesen Erwartungen entsprechen, werden von uns auch wahrgenommen und dienen als Bestätigung der vorhandenen Meinung. Alle Aspekte, die jedoch dem gängigen Bild widersprechen, werden meist ignoriert oder als untypische Ausnahme abgetan, da sie die Reduzierung von Umweltkomplexität und die Orientierungshilfe gefährden würden. Daraus ergibt sich das Problem, dass sich derartige Vorstellungskonzepte meist nur schwer wieder abbauen lassen, da alle Informationen, die den Status quo gefährden könnten, durch die selektive Aufmerksamkeit ausgeblendet werden. Ostermann und Nicklas nennen drei Mechanismen, die dazu beitragen, dass sich die Objekte von Vorurteilen oder nationalen Stereotypen tatsächlich oder scheinbar so verhalten, wie es durch das Vorurteil erwartet wird:

1. Das Vorurteil steuert die Wahrnehmung, d.h. es werden jene Aspekte bevorzugt wahrgenommen, die laut Vorurteil zu erwarten sind.
2. Das Vorurteil wird zu einer sich selbst erfüllenden Prophezeiung (self-fulfilling-prophecy), d.h. durch eine falsche Definition einer Situation kann diese Situation so verändert werden, dass die Definition schließlich zutrifft.
3. Es kommt zu einer Anpassung des Vorurteils-Objekts an das Vorurteil

(vgl. Ostermann / Nicklas 1976: 20)

Im Folgenden sollen nun Image, Stereotyp, Vorurteil und Feindbild einzeln dargestellt werden:

6.2.1. Image

Die unterschiedlichen Definitionen zum Begriff des „Image" hängen zwar alle eng mit den Ausdrücken „Bild" oder „Abbild(-ung)" zusammen, dennoch soll darunter keine optische Darstellung eines Objekts oder Subjekts verstanden werden. Ohde bezeichnet Image als ein „kognitiv-psychologisches Konstrukt" (Ohde 199434) der Beobachtungsgegenstände. Demzufolge möchte ich Images als die Summe von Vorstellungen, Gefühlen, Ideen und Bewertungen definieren, die ein Individuum von einem Element seiner Umwelt hat.

6.2.2. Stereotype

Stereotype und der Begriff „Klischee" werden häufig synonym verwendet und gelten allgemeinsprachlich als ein unverändert wiederkehrendes Muster. „Sie sind die in den Einstellungen und ihrem sprachlichen Ausdruck sedimentierten individuellen und sozialen Erfahrungen und Scheinerfahrungen, die Menschen in ihrer Alltagspraxis machen." (Ostermann / Nicklas 1976: 18)
Gemäß dieser Definition von Ostermann und Nicklas sollen Stereotype auch im Rahmen dieser Arbeit als stark vereinfachte, generalisierte, klischeehafte Vorstellungen von Menschen oder Menschengruppen verstanden werden.

Stereotype dienen den Menschen dazu, vor allem im Fall von unsicheren oder mangelhaften Informationen und Wissen, die Umweltkomplexität auszugleichen und somit Orientierung zu ermöglichen. „Stereotype sind zunächst einmal Kategorien, die die soziale Umwelt in verständliche und überschaubare Einheiten aufteilen, damit Chaos verhindern und eine auf gemeinsamen Werten, Erwartungen und Vorstellungen aufgebaute Organisation und ein entsprechend sinnvolles Verhalten in der sozialen Umwelt möglich zu machen." (Spillmanns 1989: 25, zit. nach: Ohde 1994: 38)
Ostermann und Nicklas bezeichnen daher Stereotype als „geistige Schubladen, die das Einordnen von Menschen erleichtern" (Ostermann / Nicklas 1976: 4)

Eine weit verbreitete Form von Stereotypen sind nationale Stereotype, die eine Ansammlung von Eigenschaften sind, die einer Nation

oder ethnischen Gruppen als „typisch" zugeschrieben werden. Es handelt sich dabei um „Vorurteilssyteme" (Ostermann / Nicklas 1976: 27), die sowohl positive als auch negative Einschätzungen enthalten können.
Nationale Stereotype dienen in erster Linie zur Definition des eigenen Nationenbildes durch den Vergleich und die Abgrenzung von anderen Nationen. Problematisch ist dabei, dass die Beurteilungen meist auf Basis von Partialerfahrungen und Sekundärerfahrungen erfolgen, und diese Einschätzungen dann als allgemeingültige Aussagen dargestellt werden. „Stereotype enthalten kein empirisch nachweisbares Wissen, keine wirkliche Erkenntnis einer Sache, sondern eine Ansammlung diffuser Vorstellungen."
(Ohde 1994: 38)
So passiert es immer wieder, dass einem ganzen Volk gewisse Eigenschaften zugesprochen werden, nur weil einzelne Mitglieder mit bestimmten Handlungsmustern und Charakterzügen in der Öffentlichkeit erlebt worden sind.

6.2.3. Vorurteile
Eine klare Trennung zwischen Stereotypen und Vorurteilen ist in der Literatur nur selten zu finden, da sich die beiden Einstellungskonzepte in vielen Punkten gleichen. Sowohl bei den Stereotypen als auch bei den Vorurteilen kommt es bei der Kategorisierung von Umwelteindrücken zu einer Überbetonung der Ähnlichkeiten und Unterschiede der neuen Informationen zu den gespeicherten Einstellungen. Bei Vorurteilen werden in der Regel vor allem negative Merkmale zu allgemeingültigen und typischen Eigenschaften generalisiert. Alle positiven Aspekte werden als Ausnahme betrachtet und nicht weiter berücksichtigt.

Ostermann / Nicklas definieren daher Vorurteile als „in der Persönlichkeitsstruktur verankerte 'Einstellungen', die einerseits die Wahrnehmung und Interpretation der Umwelt bestimmen, andererseits das Verhalten des Menschen steuern"
(Ostermann / Nicklas 1976: 2).

Dieses Einstellungssystem von Vorurteilen setzt sich aus drei Komponenten zusammen:
1. der kognitive Aspekt: Durch Vorurteile bilden sich Menschen die Vorstellungen, die sie von Menschen oder Menschengruppen haben
2. der affektive Aspekt: Vorurteile sind meist mit starken Affekten verbunden, die größtenteils negativ ausfallen.
3. der konative Aspekt: Vorurteile stellen die Dispositionen für das Verhalten dar.

(vgl. Davis 1964: 51, zit. nach: Ostermann / Nicklas 1976: 2f)

Da Vorurteile auf das menschliche Bedürfnis nach sozialer Zugehörigkeit zu einer Gruppe von Menschen, die der jeweilige Mensch schätzt und denen er ähnlich sein will, zurückgeht, sind derartige Vorstellungskonzepte immer nur im gesellschaftlichen Zusammenhang zu verstehen, in dem sie ausgebildet und artikuliert werden.

Da im Folgenden noch öfter der Begriff der Gruppe vorkommen wird, möchte ich mich hier der Definition von Christina Ohde anschließen:

„Eine Gruppe besteht aus einer Gemeinschaft von Individuen, die gemeinsame Ziele verfolgen und das Bewusstsein eines Zusammengehörigkeitsgefühls (Wir-Gefühl) entwickelt haben, also zwischen Mitgliedern und Nicht-Mitgliedern unterscheiden können." (Ohde 1994: 24f)

Vorurteile sind, wie bereits oben erwähnt, keine individuellen Einstellungen einzelner Personen sondern stets in Hinblick auf die jeweilige Gesellschaftsgruppe zu sehen. Um diese „Wir-Gruppe"[1] noch deutlicher zum Ausdruck zu bringen und von anderen abzugrenzen, wird im Gegenzug eine Gruppe der „Anderen" definiert.

Vorurteile haben somit immer auch die Funktion einer Stabilisierung des Selbstwertgefühls und des sozialen Selbstverständnisses, welche durch die Diskriminierung einer anderen sozialen Gruppe und der Aufwertung der eigenen Person bzw. Gruppe realisiert wird. Dies weist darauf hin, dass Vorurteile weniger auf Grund bestimmter Eigenschaften der diskriminierten Gruppe entstehen, son-

---

[1] Jene Gruppe, zu der sich das Individuum zugehörig fühlt

dern in erster Linie aus dem Bedürfnis nach der Abgrenzung von anderen und dem Ausdruck der eigenen Gruppenzugehörigkeit. Dies erklärt auch, weshalb die Objekte von Vorurteilen in gewissen Grenzen austauschbar sind. (vgl. Ostermann / Nicklas 1976: 6f)
Im Rahmen der Problematik rund um den Ethnozentrismus beschäftigt sich die Forschung vor allem mit ethnischen Vorurteilen und Heterostereotypen über andere Völker. Dabei zeigte sich, dass ein fremdes Volk umso positiver eingeschätzt wird, je größer die Ähnlichkeit zwischen der fremden Kultur und dem eigenen Wertesystem erlebt wird.
Dieser Aspekt ist vor allem im Hinblick auf die Darstellungsweise von fremden Kulturen in der Auslandsberichterstattung interessant. Wie sich später noch zeigen wird, haben Untersuchungen mittlerweile erwiesen, dass westliche Medien in ihrer Berichterstattung die kulturelle Distanz arabischer Völker betonen, was wiederum die Bildung von Vorurteilen und im Extremfall von Feindbildern gegenüber diesen Kulturen fördert.

Zusammenfassend möchte ich im Rahmen dieser Arbeit Vorurteile als vorgefasste, emotional besetzte, überwiegend negative Urteile und relativ stabile Einstellungen über das Verhalten und die Eigenschaften von Mitgliedern einer Fremdgruppe definieren.

6.2.4. Feindbilder
Feindbilder enthalten immer die oben beschriebenen Kennzeichen nationaler bzw. ethnischer Stereotypen und Vorurteilen, doch die Realitätsverzerrung ist bei den Feindbildern am extremsten ausgeprägt, weshalb Spillmann und Spillmann sie auch als „pathologisches Extrem" (Spillmanns 1990, zit. nach: Sommer/ Kempf) bezeichnen.

„Sie sind negative, hoch emotionale, schwer veränderbare Vorurteile, die reichen können bis hin zur fantasierten oder gar realen Vernichtung des Gegners. Feindbilder können sich richten gegen einzelne Menschen, Gruppen, Völker, Staaten oder Ideologien."
(Sommer/ Kempf)

Feindbilder entstehen immer durch das Gefühl der Bedrohung, d.h. wenn sich eine Gruppe von der Fremdgruppe bedroht fühlt, so wird diese als Feind betrachtet. Dabei spielen neben realen Konflikten und tatsächlich existierender Bedrohungen auch deren Wahrnehmung bzw. Einschätzung durch die „Wir"-Gruppe eine wesentliche Rollen für die Konstruktion eines Feindbildes. Es reicht dabei schon, wenn die „Fremdgruppe" andere Werte achtet, um bei der „Wir"-Gruppe das Gefühl einer Bedrohung der eigenen Werte auszulösen. Um diese Angst abzubauen, wird der Gegner in seiner Totalität abgewertet, anstatt sich mit seinem unbekannten Wertesystem auseinanderzusetzen. Durch diese auf die eigene Position und Einstellung beschränkte Wahrnehmungsweise entsteht ein Kreislauf, der die Konstruktion von Feindbildern fördert: Das mangelhafte Wissen, das für die Abwertung des fremden Wertesystems verantwortlich ist und in der Folge dadurch noch verstärkt wird, erzeugt erneut Unbehagen gegenüber der fremden Wirklichkeit, was wieder zur Abwertung des Gegners und gleichzeitiger Ausblendung relevanter Informationen führt. (vgl. Arens 1973: 26f)

Ist der Gegner schließlich aufgrund des Bedrohungsgefühls als Feind definiert, so werden ihm in der Folge ausschließlich Eigenschaften und Verhaltensweisen zugeschrieben, die das antagonistische Verhältnis zwischen der „Wir"-Gruppe und der Feindgruppe betonen.
Die Gruppe der „Anderen" wird durchwegs negativ beurteilt und mit Assoziationen wie falsch, schlecht, minderwertig, gefährlich und böse in Verbindung gebracht. Positive Eigenschaften bleiben dabei ausgeblendet, da es nur darum geht, den Feind in seiner Bösartigkeit darzustellen.
Zusammenfassend kann man daher sagen, dass Feindbilder negative und übersteigerte Affekte gegen eine Fremdgruppe, deren „typische" Eigenschaften einseitig und eindeutig bewertet werden, bündeln.
Oder um es mit der Definition von Ostermann und Nicklas auszudrücken, sind Feindbilder „eine Reihe negativer Vorurteile, die gleichsam einem Zwang zur Vereinheitlichung gehorchen und eine differenzierte Beurteilung dessen, der mit dem Etikett Feind oder

Freund versehen wird, unmöglich machen." (Ostermann / Nicklas 1976: 31)
Und so kommt es, dass schließlich oft sogar allein schon der Name des „Feindes" zu (fast) ausschließlich negativen Assoziationen führt. Jede Aktivität der Feindgruppe wird sofort als bösartig und bedrohend für die eigene Gruppe wahrgenommen. Die Bedrohung, welche die eigene Gruppe jedoch ausübt, wird dabei völlig außer Acht gelassen.

Da Feindbilder immer kontrastiv sind, muss ihm stets ein Freundbild gegenübergestellt werden. Diese Freundbild ist entweder die Vorstellung von der „Wir"-Gruppe (Autostereotyp) oder von einer Gruppe, die ähnliche Eigenschaften wie die eigene Gruppe zugewiesen bekommt. Auffällig an der Gegenüberstellung von Freund- und Feindgruppe ist die unterschiedliche Bewertung von gleichen Verhaltensweisen, die sich vor allem in der Verwendung unterschiedlich konnotierter Begriffe ausdrückt.

Die Konstruktion von Freund-Feind-Schema ist vor allem in der Politik zu einer beliebten Methode geworden, da es die eindeutige Polarisierung in „Gute" und „Böse" ermöglicht, komplexe Zusammenhänge überschaubarer darzustellen und so den Eindruck von Sicherheit und Eindeutigkeit zu vermitteln.
Außerdem betont die Einteilung in Freunde und Feinde auch die Notwendigkeit des Zusammenschlusses und der Einigkeit der „eigenen" Gruppe, da sich diese nun gegen einen tatsächlichen oder fiktiven „Feind" verteidigen muss.
Ein weiterer Grund für die Verwendung von Feindbildern, ist die Möglichkeit eigene Probleme auf den Gegner zu projizieren und Aggressionen auf ihn abzuleiten.
(vgl. Ostermann / Nicklas 1976: 31)
Sehr treffend definiert daher auch der Frankfurter Politologe Iring Fetcher Feindbilder als „Klischees des Anderen, die mehr der eigenen seelischen Stabilisierung als der realistischen Orientierung dienen" (Fetcher 1989, zit. aus: Heine 1996: 10).

Feindbilder beziehen sich meist auf Gruppen von Menschen und eher selten auf einzelne Personen. Auch wenn im Sprachgebrauch

Formulierungen wie „Der Amerikaner hat ja keine Kultur" verwendet werden, so handelt es sich dabei lediglich um die Verwendung eines Kollektivbegriffs, mit dem diese Eigenschaft implizit dem gesamten amerikanischen Volk zugeschrieben wird. Feindbilder können noch dadurch verstärkt werden, indem in der Fremdgruppe ein Führer identifiziert wird, der tatsächlich alle negativen Eigenschaften, die man der Gruppe insgesamt zuschreibt, hat. (Heine 1996: 11)

Dieses Merkmal von Feindbildern ist vor allem in Hinblick auf die mediale Berichterstattung zu beachten. Personifizierungen sind in den Medien ein beliebtes Mittel um komplexe Situationen für die Rezipienten einfacher verständlich zu machen. Daher werden auch immer wieder Feindbilder auf Einzelakteure konzentriert, wobei jedoch die negativen Eigenschaften der Einzelperson implizit auch auf die gesamte Gruppe übertragen werden. Auf diese Weise werden die Mitglieder der Freund- bzw. der Feindseite zu EINEM Freund und EINEM Feind vereinheitlicht, was die Polarisierung zwischen Freund und Feind noch verstärkt.

Diese Strategie zeigt sich zum Beispiel in der Kriegsberichterstattung, wo Konflikte zwischen zwei Völkern, oft als Kampf zwischen den beiden politischen Machthabern dargestellt werden, obwohl in Wirklichkeit tausende Angehörige beider Länder betroffen sind. Kriege erscheinen auf diese Weise als „persönlicher Schlagabtausch" zwischen zwei Einzelakteuren. Komplexe Zusammenhänge, die für den Konflikt eine wichtige Rolle spielen würden, werden dabei ausgeblendet.

6.3. Stereotype und Feindbilder als Propagandamittel

Hergestellt und verbreitet werden Stereotype und Vorurteile meist von einflussreichen Meinungsbildnern, die vor allem Freund-Feind-Schemata gerne als Propagandamittel für eigene Ziele einsetzen. Die Feindbilder sollen helfen eine „breite Akzeptanz für Gewalt, für Kriege insbesondere" (Cancic-Lindemaier, zit. aus: Heine 1996: 10) zu schaffen.

Eine wirkungsvolle Verbreitung von Vorurteilen und Feindbildern wird in Krisen- und Kriegszeiten auch durch die besondere Situation erleichtert, da bei derartigen Geschehnissen die Distanz zwischen dem positiven Selbstbild der „Wir-Gruppe" und der Gruppe der „anderen" immer größer wird.

Wie effizient Feindbilder als Propagandamittel eingesetzt werden können, konnte man vor allem im 2. Golfkrieg 1991 gut beobachten: Beim Einmarsch der irakischen Truppen in Kuwait, verurteilten die Regierungen auf der ganzen Welt die Besetzung des Ölemirates. Doch nach wie vor waren große Teile der Bevölkerung gegen den Krieg. Um dies zu ändern, wurde vor allem von den amerikanischen Medien ganz systematisch ein Feindbild des Diktators Saddam Hussein aufgebaut. Es wurde detailliert auf sämtliche Gräueltaten und Verstöße des Diktators hingewiesen, um auf diese Weise die Bevölkerung von der Notwendigkeit der Bekämpfung dieses „Monster" zu überzeugen. (vgl. Foggensteiner 1993: 59)

Für die Konstruktion des Feindbildes Irak beschäftigte die US-Regierung sogar eine eigene PR-Agentur. Die US-Werbefirma Hill & Knowlton inszenierte sehr gekonnt die Geschichte, dass die Iraker angeblich Säuglinge aus den Brutkästen rissen und die hilflosen Babys dann tot auf den Boden schmissen. Erst im Januar 1992 gab die Firma schließlich auf Grund der zunehmenden Zweifel an der Geschichte zu, dass sie nur erfunden war. Zu diesem Zeitpunkt hatte die Geschichte mit dem emotionsgeladenen Appell an die US-Bevölkerung ihre Vorsehung bereits erfühlt, indem sie durch die schockierende Details die bedingungslose Zustimmung der US-Bevölkerung zu einem Militärschlag gegen dieses „babymordende" Volk herbeiführte. (vgl. Foggensteiner 1993: 60)

Neben dieser Konstruktion eines blutrünstigen Feindbildes von Saddam Hussein, haben die US-Strategen gleichzeitig versucht ein extrem positives Eigenbild zu verbreiten, indem sie die eigene Seite in Form von Videobänder und Infrarotaufnahmen von zielgenau treffenden Kampfbombern präsentierten. Immer wieder war die Rede von einem „klinisch sauberen Krieg" und von „punktgenauen Bombardements". Die Zuschauer sollten auf diese Weise den Eindruck eines Videospiels bekommen, bei dem zivile Opfer kein Thema darstellen. Genau diese Art der Darstellung, die von vielen Medien auch so übernommen wurde, löste im Nachhinein heftige Diskussionen über die mediale Wirklichkeitskonstruktion aus.

7. Stereotype, Vorurteile und Feindbilder in der Krisen- und Kriegsberichterstattung:

Bilder, Stereotype und Feindbilder sind beliebte Methoden um eine möglichst emotionsgeladene Botschaft an die Zuschauer, Zuhörer oder Leser zu vermitteln.
Wie bereits im vorangegangenen Kapitel erwähnt haben, haben daher Regierung und Militär eigene PR-Abteilungen engagiert, um den Medien die Vorlagen und Inspirationen für derartige Klischees fix und fertig liefern zu können, mit der Hoffnung, dass die Journalisten diese Propagandamaterialien in ihren Berichten verwenden.

Generell muss man zwischen zwei Möglichkeiten unterscheiden, wie Stereotype und Feindbilder Eingang in die mediale Berichterstattung finden:
Einerseits kann eine Verbreitung derartiger Schwarz-Weiß-Darstellungen durch die ungeprüfte und unkritische Übernahme von Propagandamaterialien, welche die Medien von Politikern oder dem Militär zur Verfügung gestellt bekommen, entstehen.
So geschehen ist es zum Beispiel im Herbst 2002: US-Verteidigungsminister Donald Rumsfeld behauptete auf einer Pressekonferenz, dass die Regierung in Bagdad enge Verbindungen mit dem al-Qaida-Netzwerk hätte und sich die Terroristen frei im Irak bewegen könnten. Ein Krieg gegen den Irak sei daher mit der Begründung der Bekämpfung des internationalen Terrorismus völlig legitimiert und notwendig. Obwohl sich diese Meldung im Nachhinein als falsch herausstellte, wurde sie von vielen amerikanischen Zeitungen ungeprüft als große Titelstory übernommen. (vlg. Von Sponeck / Zumach 2003: 65)

Andererseits besteht aber auch die Möglichkeit, dass die Medien durch ihre Darstellungsformen, ihre Nachrichtenselektion und durch bestimmte sprachliche Mittel selbst Feindbilder konstruieren.
In beiden Fällen wird ein politischer oder militärischer Gegner in der Berichterstattung zum Inbegriff des Bösen personifiziert, während die andere Seite als der „gute Retter der Welt" dargestellt wird.
Diese Einteilung in Gute und Böse wird von den Medien deshalb gerne verwendet, weil auf diese Weise kriegerische Situationen, die

meist sehr komplexe Zusammenhänge beinhalten, einfacher und anschaulicher präsentiert werden können. (vlg. Meier 1996: 159)

7.1. Stereotype in der Berichterstattung

Gerade in den letzten Jahren wurde verstärkt über das medial vermittelte Bild des Islams diskutiert. Islamwissenschaftler weisen immer wieder darauf hin, dass in sämtlichen westlichen Medien ein verzerrtes Bild des Islam und der islamischen Völker vermittelt wird. Untersuchungen haben tatsächlich bewiesen, dass vor allem bei der Berichterstattung über die arabische Welt in den europäischen Medien immer wieder auf eine Reihe von Stereotypen, die oft schon eine jahrhunderte lange Tradition haben, zurückgegriffen wird. Man bekommt dabei leicht den Eindruck, dass die arabische Welt von Irrationalität, Rückständigkeit bzw. einem typisch islamischen Fundamentalismus dominiert sei.

Vor allem in der Kriegsberichterstattung neigen die Medien dazu, diese Stereotype und Feindbilder der islamischen Völker erneut zu aktualisieren.
Empirische Untersuchungen haben dabei folgende Kennzeichen der europäischen Berichterstattung über die arabische Welt festgestellt:
- Die große kulturelle Distanz zwischen islamisch-arabischen und westlichen Staaten wird immer wieder betont.
- Die islamische Welt wird als ein Kulturkreis dargestellt, dem jede westliche Rationalität fehlt und der damit unberechenbar ist.
- Die Gewaltbereitschaft in der islamischen Welt wird betont und der Islam als unduldsame Religion dargestellt, für welche die Anhänger mit „Feuer und Schwert" kämpfen würden.
- Bei fast allen Berichten über Länder aus der arabischen Welt werden Rückständigkeit, Unterentwicklung und Stagnation hervorgehoben.
(vgl. Löffelholz 1993: 110)

Beispiele für eine solche negative und stereotype Darstellung des Nahen Osten finden sich auch in der „Spiegel"-Berichterstattung zum Golfkrieg 2003, wenn etwa die Rede war vom „Nahen Osten, den Autokraten und Tyrannen beherrschen" (Spiegel 16/2003: S.18)

Die große Gefahr bei der Verbreitung und Stützung von Stereotypen durch die Medien besteht darin, dass sich solche Bilder durch eine einseitig kommentierte Darstellung leicht zu Feindbildern gegen ein ganzes Volk entwickeln können.
Besonders die Krisenberichterstattung über Länder, zu denen eine kulturelle Distanz besteht, bietet auf Grund des damit verbundenen relativ geringen Wissenstandes über die dargestellten Völker ausreichend Spielraum für die Entwicklung derartiger Feindbilder.

7.2. Feindbildkonstruktion durch die Medien

Medien müssen vor allem in Krisen- und Kriegszeiten versuchen komplexe und schwer verständliche Zusammenhänge für die Rezipienten leicht verständlich, überschaubar und eindeutig darzustellen, um ihnen auf diese Weise eine bessere Orientierung und ein Gefühl der Sicherheit zu vermitteln. Da Feindbilder eine der extremsten Methoden zur Reduktion von Umwelteindrücken sind, werden sie von den Medien gerade bei der Darstellung von Konflikten gerne eingesetzt.

Dieser Neigung der Medien durch die Verwendung von Stereotypen und Feindbildern die Komplexität von Kriegssituationen für ihre Rezipienten zu reduzieren, spiegelt sich auch in den „ewigen Kategorien der Kriegsberichterstattung" von Philip Knightley wieder. Knightley fasst hier einige Charakteristika, die häufig in der medialen Berichterstattung über Kriege zum Einsatz kommen, zusammen:

1. Auch wenn in einem Krieg immer beide Seiten Mitschuld haben, teilen die Medien den Krieg in die eindeutigen Kategorien von gut und böse ein und stellen ihn so der Öffentlichkeit dar.
2. Dabei wird die „böse" Seite dämonisiert, ihre Führer werden als verrückte blutrünstige Unmenschen dargestellt, die für ihre fanatischen Ziele über Leichen gehen.

3. Die „gute" Seite hingegen wird als Retter der Menschheit, als humanitär motiviert, besorgt und mitleidend dargestellt. Sie muss kämpfen, damit die Menschheit von den „bösen" Gegnern befreit wird.
4. Auch wenn in Kriegen beide Seiten Gräueltaten verüben und Menschen durch sie zu Tode kommen, so berichten die Medien fast ausschließlich über die schrecklichen Verbrechen der „bösen" Seite.
(vgl. Albrecht / Becker 2002: 67)

Neben diesem Bestreben nach einer Reduktion der Komplexität innerhalb der Berichterstattung, spielen aber auch patriotische Überlegungen bei der Konstruktion von medialen Feindbildern eine Rolle.
Besonders die amerikanischen Medien scheinen stets einen Bösen zu brauchen, gegen den die „guten" Amerikaner kämpfen können. Waren es zuerst Ayatollah Khomeini und Moammar Gadhafi, so haben später Saddam Hussein und Osama Bin Laden diese Rolle übernommen.

7.3. Das Feindbild Saddam Hussein

Das Feindbild des irakischen Diktators wurden erst im Verlauf der Golfkrise 1990/91 vom US-Militär zusammen mit den amerikanischen Medien aufgebaut. Saddam Hussein wurde schon damals von US-Präsident George Bush sen. mit Hitler verglichen. Wie der deutsche Diktator würde auch Hussein sein armes Volk tyrannisieren und systematisch dämonisieren.
Sicherlich trafen einige der Anschuldigungen zu, denn bereits seit Anfang der 80er Jahre veröffentlichte Amnesty International detaillierte Berichte über die schweren Menschenrechtsverletzungen unter dem Regime von Saddam Hussein. Entscheidend ist in diesem Zusammenhang aber die Tatsache, dass derartige Verstöße bis kurz vor dem Ausbruch der Golfkrise niemanden in der amerikanischen Regierung daran gehindert hatte, mit dem irakischen Diktator Geschäfte abzuschließen bzw. ihn sogar militärisch aufzurüsten. Doch trotz dieser „Zusammenarbeit" zwischen der amerikanischen und

irakischen Regierung war Saddam Hussein für die amerikanische Öffentlichkeit lange Zeit ein mehr oder weniger Unbekannter. Dies änderte sich jedoch mit Ausbruch der Golfkrise 1991 sehr rasch und plötzlich galt Saddam Hussein als die „glatte Inkarnation des – in einem ´höchst moralischem Unternehmen´ - zu vernichtenden ´Bösen in der Welt´" (Berghold 2002: 180).
Diese „Dämonisierung" des irakischen Diktators durch die amerikanische Regierung wurde nicht nur von den sehr patriotischen amerikanischen Medien übernommen, sondern auch in Europa war Saddam Hussein spätestens seit dem Golfkrieg 1991 das „Monster" oder der „brutale gefühlslose Totschläger und Lebenszerstörer". (vgl. Meier 1996: 159)

Das Feindbild Hussein wurde von den Medien zusätzlich durch ihre Auswahl und Darstellungsweise der Nachrichten unterstützt. Besonders im Zusammenhang mit der Berichterstattung im Golfkrieg 1991 wurde im Nachhinein immer wieder kritisiert, dass die Medien diesen Krieg als Kampf zwischen den „guten alliierten Helden" und dem „Schurken" Saddam Hussein inszeniert hätten. In Folge solcher Kritik haben sich mittlerweile mehrere Untersuchungen mit der Problematik von Feindbildern in der Berichterstattung im Golfkrieg 1991 beschäftigt.
Die Ergebnisse dieser inhaltsanalytischen Studien lassen sich in folgenden Punkten zusammenfassen: (vgl. Löffelholz 1993: 119; Berghold 2002: 179f)

1. In der Berichterstattung kam es durch die Gegenüberstellung des „bösen" Saddam Husseins und der „guten" alliierten Truppen zu einer eindeutigen Polarisierung. Mit dieser starren Schwarz-Weiß-Darstellung von „gut" und „böse" kreierten die Medien vom irakischen Diktator ein „dämonisierendes und verteufeltes" Feindbild.

2. Die Berichte über den Irak wurden meist durch Saddam Hussein personalisiert, der als „irrationaler Terrorist" dargestellt wurde, den man auch nicht auf diplomatischem Wege zur Vernunft bringen kann.

3. Saddam Hussein wurde die Fähigkeit und Berechtigung zur Herrschaft abgesprochen, da er sein Volk für seine Ziele und den Krieg zu opfern bereit sei.

4. Es zeigte sich eine extreme Verweigerung oder Unfähigkeit zur Empathie, d.h. die Medien versuchten nicht, sich in die Kriegsgegner hineinzuversetzen und die dahinterstehenden Absichten zu hinterfragen bzw. zu verstehen.

5. Es kam zu einer Realitätsverweigerung vieler Medien, indem die Ursachen und Zusammenhänge der Golfkrise sowie die Verhaltensweisen der Regierung und des Militärs unzureichend oder einseitig dargestellt wurden. Auch Berichte über die Folgen und das Leid, welches der Krieg verursachte, waren im Golfkrieg 1991 eher Mangelware. Die Öffentlichkeit hatte dadurch kaum die Möglichkeit, Mitleid für die irakischen Soldaten und Zivilisten, die ebenfalls unter den Kriegsfolgen zu leiden hatten, zu entwickeln.

Der „New Yorker" brachte in diesem Zusammenhang den Vergleich, dass Amerika „als Nation gewissermaßen an einer ausgedehnten skotomischen Episode leide" (skotomische Episode ist eine durch neurologische Schädigung bedingte Beeinträchtigung des Gesichtsfeldes, bei der, obwohl man jemanden bewegungslos anstarrt, unfähig ist, ihn zu sehen) „[...] wir nehmen das (irakische) Volk kaum überhaupt wahr, noch sehen wir, was wir ihm angetan haben. Es kommt uns kaum jemals in den Sinn, uns vorzustellen zu versuchen, was diese Menschen durchgemacht haben oder in den kommenden Monaten durchmachen werden, da die Infrastruktur ihres Landes weitestgehend zerstört wurde."

(The New Yorker, 25.3.1991, zit. aus: Berghold 2002: 185f)

Andreas Zumach kritisiert zudem, dass „die Dämonisierung des Diktators Saddam Hussein im Laufe der letzten zwölf Jahr auf das ganze Land übergegriffen"

(Von Sponeck / Zumach 2003: 16) hat und „der Irak" somit ebenfalls zu einem Feindbild geworden sei. Nur aus diesem Grund sei die mangelnde Empathie für die unter den internationalen Sanktionen leidende irakische Zivilbevölkerung erklärbar.

6. Wurden einerseits die schrecklichen Auswirkungen des Kriegs mehr oder weniger ausgeblendet, so ließen andererseits viele Medien eine gewisse Euphorie und Faszination für Zerstörung, Massenmord und die Waffentechnologien erkennen. Unzählige Berichte über die Treffsicherheit der amerikanischen Hightech-Waffen vermittelten den Zuschauern fälschlicherweise den Eindruck eines „sauberen Kriegs", bei dem keine Menschen zu Schaden kommen.

7.4. Die Funktion der Sprache bei der Feindbildkonstruktion

„Sprache definiert und verdammt den Feind nicht nur, sie erzeugt ihn auch; und dieses Erzeugnis stellt nicht den Feind dar, wie er wirklich ist, sondern vielmehr, wie er sein muss, um seine Funktion für das Establishment zu erfüllen."
(Herbert Marcuse, zit. aus: Albrecht / Becker 2002: 146)

Dieses Zitat von Herbert Marcuse weist sehr deutlich auf den großen Einfluss der Sprache bei der Bildung von Feindbildern hin. Feindbilder werden nicht allein durch die Verwendung von Schimpfwörtern oder abwertenden Begriffen konstruiert, sondern meist kommen gleich mehrere sprachliche Techniken zum Einsatz um den Gegner möglichst negativ darzustellen.

Bevor ich genauer auf die Techniken zur Konstruktion von Feindbildern durch sprachliche Mittel eingehe, soll zunächst ein kurzer Überblick über die Bedeutung der Sprache für die menschliche Wahrnehmung und den damit verbundenen Einschätzungen erfolgen.

7.4.1. Sprache und Wahrnehmung
Wie bereits im Kapitel über die menschliche Wahrnehmung dargestellt, muss der Mensch alle neu eintreffenden Informationen aus

seiner Umwelt zunächst anhand seiner verinnerlichten Kategorien einordnen, um ein Gefühl von Sicherheit und Orientierung zu erreichen. Um dies zu ermöglichen, braucht der Mensch die Sprache. Sie erst macht die Wirklichkeit erfahrbar, indem sie hilft die Informationen zu ordnen und Beobachtungen und Klassifikationen intersubjektiv kommunizierbar zu machen. Man kann daher Sprache als eine Art Filter betrachten, der bestimmt, was und wie wir unsere Umwelt wahrnehmen und einordnen.

Schmidt betont, dass „Sprache nicht nur unter cognitiven Aspekten gesehen werden darf, sondern dass Sprache (phänomenologisch primär) eine Lebensform darstellt, ein System von sozial stabilisierten Regeln, die sich auswirken im Aufbau sozial verbindlicher Erwartungsschemata" (Schmidt 1972: 82)
Sprache hat also neben der Funktion der Informationskodierung und –übertragung auch noch die wichtige Aufgabe der Handlungsauslösung und –steuerung zu erfüllen.
Aus erkenntnistheoretischer Sicht wird davon ausgegangen, dass „jedes Individuum in und durch Sprache, d.h. eine soziale Verhaltensform, stets schon gesellschaftlich vermittelt ist; dass jede Wirklichkeit durch die erkennenden Subjekte und deren subjektiv-objektive Sprache vermittelt ist (...)" (Schmidt 1972: 83).

Wörter bezeichnen also nicht nur die Dinge unserer Umwelt, sondern sie deuten und interpretieren sie auch.
Auf Grund sozialkonventionalisierter Vorstellungen und Assoziationen rufen Begriffe auch bestimmte Gefühle hervor, die entscheiden, ob etwas gut oder schlecht, angenehm oder unangenehm, usw. ist.
Innerhalb einer Sprachgemeinschaft sind die Assoziationen zu einem Begriff weitgehend gleich, große Unterschiede können sich jedoch bei Angehörigen unterschiedlicher Sprachgruppen ergeben. Dies kann leicht zu Missverständnissen und Fehlinterpretationen führen, die wiederum die Grundlage für Vorurteile und Feindbilder sind.
Quasthoff gibt aber nicht der Sprache an sich die Schuld für die Konstruktion von Feindbildern, sondern den stereotypen Vorstellungen, die mit dem Bezeichneten verbunden sind. Er stellt fest,

dass „nicht die Sprache die Ursache der Vorurteile sein kann, sondern dass Sprache und Vorurteile ihrerseits Funktionen der realen gesellschaftlichen Verhältnisse sind" (Quasthoff 1973: 164)

Zusammenfassend kann man festhalten, dass wir die Sprache zur Perzeption der Wirklichkeit benötigen, denn sie stellt uns die Kategorien zur Einordnung und Vermittlung des Erfahrenen zur Verfügung. Gleichzeitig ist die Sprache aber auch die notwendige Voraussetzung für Werte, denn ohne sie könnten sie nicht vermittelt werden. Auf diese Weise wird Sprache zum Träger der gesellschaftlichen Normen und Wertvorstellungen. Oder anders ausgedrückt: In der Sprache erkennt man die Werte und Normen der Mitglieder einer Sprachgemeinschaft.
Auch dies ist wieder eine Erklärung dafür, weshalb auf Grund von semantischen Verständnisproblemen fremde Wertesysteme falsch (und oft negativ) dargestellt werden.

7.4.2. Sprachliche Mittel zur Konstruktion von Feindbildern
Die Feststellung, ob ein sprachlicher Ausdruck tatsächlich abwertenden Charakter hat und somit zur Konstruktion eines Feindbildes beiträgt, ist stets schwierig, da es keine objektiven Kriterien für die Angemessenheit einer Bewertung gibt. Zudem weiß man nie genau, ob der Kommunikator mit seiner Aussage tatsächlich ein Feindbild konstruieren oder einfach nur seine negative Bewertung ausdrücken wollte. Negative Bewertungen können daher immer nur als Indikatoren für negative Vorurteile oder Feindbilder gelten, und dies auch nur, wenn sie beliebig und nicht durch die Art der Ereignisse bedingt sind.

Dennoch kann man einige sprachliche Mittel hervorheben, die bei der Konstruktion von Feindbildern häufig verwendet werden. Die folgende Auflistungen soll einen Überblick über die verschiedenen Methoden, von denen häufig mehrere gleichzeitig eingesetzt werden, vermitteln: (vlg. Schmidt 1972: 90f; Ohde 1994: 72ff)

1. „Schwarz-Weiß-Malerei": Durch Polarisierung werden den Gegnern unterschiedliche Attribute zugeordnet, wobei diese für die eine Seite eindeutig negativ, für die andere Seite ein-

deutig positiv ausfallen. Zusätzlich verstärkt wird der Gegensatz durch die Verwendung von Adjektiven in der Superlativ-Form. Das grundlegende Ziel ist dabei die Aufwertung der eigenen und die Abwertung der fremden Seite, durch die Häufung positiver bzw. negativer Attribute in den Darstellungen über die Kontrahenten. Zwischenstufen der verwendeten Eigenschaften kommen dabei kaum vor, da sie die Eindeutigkeit der Opposition gefährden würden. Durch die permanente Koppelung des Gegners mit negativen Attributen kann es schließlich dazu kommen, dass allein schon der Name des Gegners reicht, um beim Medienpublikum negative Assoziationen hervorzurufen. Oft werden zur Abwertung des Gegners auch Vergleiche mit Tieren bzw. stark negativ besetzte umgangssprachliche Bezeichnungen verwendet. Interessant ist auch die Verwendung von synonymen Begriffen: Dieselbe Aktion wird durch die Verwendung unterschiedlich bewerteter Bezeichnungen, die jedoch für denselben Tatbestand stehen, für die eigene Seite positiv bzw. für die gegnerische Seite negativ dargestellt. (z.B.: „erobern" – „besetzen") Dies ist ein eindeutiges Zeichen für eine Doppelmoral, bei der gleiches Handeln mit zweierlei Maß gemessen wird.

2. Kollektiver Singular: Durch die Verwendung des kollektiven Singular wird aus einer heterogenen Volksmenge eine amorphe, einheitliche Masse („die USA" gegen „den Irak"). Diese Methode verstärkt die Polarisierung der Gegner zusätzlich. Einzelpersonen werden auf diese Weise als unbedeutend ausgeblendet.

3. Vereinnahmungen durch Appell an die Gruppenzugehörigkeit: Durch die Verwendung der 1. Person Plural („wir", „uns") und der damit verbundenen direkten Ansprache soll das Gefühl der Zusammengehörigkeit gestärkt werden. Gleichzeitig dient diese Methode der Abgrenzung der „Wir-Gruppe" von „den anderen".

4. Verallgemeinerungen: Dabei handelt es sich um stereotype Aussagen, bei denen der gesamten Gruppe der Feinde be-

stimmte Eigenschaften fest zugeschrieben werden. Dabei kann es sich um Nomen, Adverbien oder Adjektive handeln, die jedoch alle negativ konnotiert sind. Formale Kennzeichen derartiger stereotyper All-Aussagen sind unter anderem die Verwendung des kollektiven Singulars bzw. Bezeichnungen der Form „alle x" (z.B.: „Alle Iraker"). Durch Verallgemeinerungen wird das Gefühl der Distanzierung zur Gruppe der „anderen" erreicht (z.B.: „diese Iraker"). Verachtungen werden verallgemeinert, indem Bewertungen von Einzelfällen als typische Eigenschaften generalisiert werden, oder indem der Kommunikator von seiner eigenen Meinung allgemeingültige und unumstrittene Aussagen abstrahiert. (z.B.: ich verachte Iraker = Iraker sind verachtenswert). Ähnliches erfolgt bei Nominalisierungen, durch die einer Person auf Grund ihrer Handlungsweise bestimmte Funktionen zugeschrieben werden. (z.B.: „Hussein bombardiert Kuwait" = „der Bombenleger Saddam")

5. Personalisierung: Diese Strategie ist vor allem in der politischen Berichterstattung schon lange bekannt. Ereignisse werden dabei auf einige wenige Handlungsträger konzentriert, obwohl in Wirklichkeit auch das dahinter stehende Volk daran beteiligt ist. So geschieht es immer wieder, dass in den Medien der Eindruck entsteht, dass ein Krieg nur zwischen wenigen Handlungsträger stattfindet. Klarerweise beziehen sich dann auch alle Einschätzungen und Bewertungen immer nur auf diese Handlungsträger. Die Technik der Personalisierung verstärkt ebenfalls die Polarisierung der Konfliktgegner.

6. Schlüsselwörter: Schlüsselwörter sind eindeutig abwertende Bezeichnungen, deren pejorativer Charakter sogar ohne Kontextbezug eindeutig zu erkennen ist. Beispiele dafür sind unter anderem herabsetzende Gruppenspitznamen („Spagettifresser") oder eindeutig herabsetzende Wörter („Kanake").

7. Bilder und Metaphern: In der Kriegsberichterstattung stammen naturgemäß die meisten bildlich verwendeten Metaphern aus dem Bereich der Militärsprache. Diese sprachlichen Bilder

sind meist so ausgerichtet, dass der Gegnern eindeutig negativ dargestellt wird, und gleichzeitig das eigene Können und die eigene Moral gelobt wird.

8. Wiederholungen gewisser Eigenschaften: Wie in der Werbung gilt auch für die Propaganda, dass sie nur durch die ständige Wiederholung ihre volle Wirksamkeit einfalten kann. Werden einzelne Handlungsträger immer wieder mit bestimmten Charakterzügen und Aktionen in Zusammenhang gebracht, so verankern sich mit der Zeit diese Aspekte so im Gedächtnis der Rezipienten, dass sie schließlich auch dann als Tatsache angesehen werden, wenn dies gar nicht der Fall ist. Wie einfach auf diese Weise von den Medien ein Feindbild verfestigt werden kann, zeigte sich in der Berichterstattung der amerikanischen Medien vor dem Ausbruch des Golfkriegs 2003: Von der Regierung Bush wurde immer wieder die angebliche Zusammenarbeit zwischen Saddam Hussein und der Terrororganisation al-Qa´ida als ein Argument für die Notwendigkeit eines Kriegseinsatzes verwendet. Viele amerikanische Medien wiederholten diesen fragwürdigen Zusammenhang in ihrer Berichterstattung so oft, dass schließlich eine Meinungsumfrage ergab, dass 65 Prozent der Befragten von der Richtigkeit dieser behaupteten Verknüpfung zwischen Hussein und al-Qa´ida überzeugt waren. 44 Prozent glaubten sogar, dass viele der Terroristen des 11. September Iraker gewesen seien. (vgl. Kilian 2003: 115)

7.4.3. Untersuchungen zur Feindbildkonstruktion im Golfkrieg 1991
Da es zum Golfkrieg 2003 noch keine Untersuchung der Feindbildkonstruktion in den Medien gibt, möchte ich die oben genannten Charakteristika nun anhand der Ergebnisse einer qualitative Analyse der Berichterstattung zum Golfkrieg 1991 in den deutschen Zeitungen FAZ, FR und BILD-Zeitung etwas genauer erläutern:
Die Studie zeigte sehr deutlich, wie die Medien durch ihre Nachrichtenauswahl und der Verwendung bestimmter sprachlicher Mittel ein Freund-Feind-Schema vermittelt haben.
In den meisten Artikeln wurde der Irak durch Saddam Hussein personifiziert, den schrecklichen Diktator und Gauner, dem ausschließ-

lich negative Eigenschaften zugeschrieben wurden. Gegen ihn kämpften die „guten Helden" der Alliierten, die überwiegend positiv dargestellt wurden. Negative Bewertungen der USA waren lediglich in Zitaten von Saddam Hussein zu finden, wenn er etwa die USA als „Gotteslästerer" beschimpfte.

Das Freund-Feind-Schema wurde dadurch verstärkt, dass in den Artikeln ständig die Übermacht und der Mut der alliierten Soldaten betont wurden. Außerdem war sehr früh die Rede vom großen Sieg der Amerikaner, obwohl dies zu jenem Zeitpunkt noch keineswegs der Fall war.
Die Alliierten wurden als die „edlen Retter" Kuwaits und als uneigennützige „Weltpolizisten" in den Medien bejubelt. (vgl. Löffelholz 1993: 121)
Saddam Hussein wurde entsprechend dem gängigen Bild des irrationalen Arabers, der auch noch Nähe zum Terrorismus hat, bewertet.

In der folgenden Tabelle werden die Bezeichnungen und Charakterzüge, mit denen Saddam Hussein bzw. die alliierten Soldaten in den deutschen Tageszeitungen BILD, FAZ und FR dargestellt wurden, gegenübergestellt: (vgl. Löffelholz 1993: 118f)

Tabelle 1: Beschreibung Hussein – USA 1991 [2]

Saddam Hussein	Alliierte Soldaten
Bild:	Bild:
machtgieriger Potentat	brillante Militärstrategen
Kriegsverbrecher	die härtesten Soldaten
Massenmörder	tollkühne Gis
wie Hitler	Befreier und Beschützer
Großmaul	Garanten für Freiheit
ein Wahnsinniger	überlegen, eiskalt, tapfer, tollkühn
Teufel	
Bestie	
heimtückisch, nervenkrank, primitiv	
FAZ:	FAZ:
Despot / Gewaltherrscher	Energisch
Schlange	Effektiv
irakischer Tyrann	gut ausgerüstet
skrupelloser Ausbeuter	friedliebend
Aggressor	glorreich
Gefahr für den Frieden	patriotisch
Psychopath	
martialisch, machtbesessen,	
hart und grausam, kriegslüsternd	
FR:	FR:
Despot	Weltpolizisten
ein Opfer seiner Selbstüberschätzung	Zielsicher
fanatisch, menschenverachtend, größenwahnsinnig, machtgierig	Optimistisch
	wild entschlossen, offensiv

Wie Medien allein schon durch die Verwendung unterschiedlich konnotierter Wörter die Wahrnehmung von ein und derselben Aktion bzw. Charaktereigenschaft beeinflussen können, soll anhand folgender Gegenüberstellung aus einer Untersuchung englischer Tageszeitungen im Golfkrieg 1991 anschaulich gemacht werden: (vgl. Albrecht / Becker 2002: 148)

---

[2] Quelle: Löffelholz 1993: 118f

Tabelle 2: Freund-Feind-Schema englischer Tageszeitungen 1991 [3]

Freund	Feind
Wir haben die Armee, die Luftwaffe, die Marine/ Instruktionen für die Berichterstattung / Communiqués Wir holen heraus / unterdrücken / eliminieren / neutralisieren / graben uns ein Wir starten den ersten Angriff / als Präventivmassnahmen Unsere Männer sind Jungs /Männer Unsere Jungs sind Profis / sie kämpfen mit Löwenmut / sind vorsichtig / zuversichtlich/ Helden / teuflisch gut/ junge Helden der Lüfte/ loyal / Wüstenratten / resolut / tapfer Unsere Jungs sind motiviert durch ihr lange gewachsenes Pflichtbewusstsein Unsere Geschosse verursachen Verluste auf beiden Seiten Wir feuern präzise George Bush ist im Einklang mit sich selbst / entschlossen / staatsmännisch / zuversichtlich	Sie haben eine Kriegsmaschinerie / Zensur / Propaganda Sie zerstören / töten / verkriechen sich in ihren Löchern Sie starten Raketenangriffe aus dem Hinterhalt / ohne Vorwarnung Ihre Männer sind Truppen / Horden Ihre Truppen sind Opfer der Gehirnwäsche / Papiertiger / Feiglinge/ verzweifelt/ in der Enge getrieben / Kanonenfutter / Bastarde von Bagdad / blind gehorsam / tollwütige Hunde / skrupellos grausam Ihre Soldaten sind motiviert durch die Furcht vor Saddam Ihre Geschosse verursachen Verluste bei der Zivilbevölkerung Sie feuern auf alle, was sie am Himmel sichten Saddam Hussein ist verrückt / verstockt / ein übler Tyrann / ein total verrücktes Ungeheuer

---

[3] Quelle: Albrecht / Becker 2002: 148

III. EMPIRISCHER TEIL
1. Zentrale Forschungsfrage und Hypothesen

Im zweiten Teil meiner Arbeit möchte ich die im theoretischen Teil vorgestellten Charakteristika und Methoden zur Konstruktion von Feindbildern in der Berichterstattung über den Golfkonflikt 2002/2203 in den Nachrichtenmagazinen „Spiegel" und „Profil" überprüfen.

Meine zentrale Forschungsfrage lautet daher:
Werden in den Magazinen „Spiegel" und „Profil" bei der Berichterstattung über den Golfkrieg 2003 Feindbilder konstruiert?

Zunächst möchte ich überprüfen, wie groß die Bandbreite an Handlungsträgern ist, die in der Berichterstattung von „Spiegel" und „Profil" erwähnt werden. Ausgehend von der im theoretischen Teil vorgestellten Theorie, dass durch die Methode der Personalisierung Feindbilder aufgebaut bzw. verstärkt werden können, lautet meine 1. Hypothese:

Hypothese 1:
Die Konzentration der Konflikt-Berichterstattung auf einige wenige gegnerische Personen bzw. Organisationen begünstigt über die dadurch erzielte Personalisierung und Polarisierung des Geschehens die Konstruktion und Festigung bestimmter Feind- und Freund-Vorstellungen.

Zur Überprüfung dieser Hypothesen werde ich in einer quantitativen Inhaltsanalyse ermitteln, wie häufig die unterschiedlichen Handlungsträger in der Berichterstattung von „Spiegel" und „Profil" vorkommen. Kommen einzelne Handlungsträger überdurchschnittlich oft vor, so kann dies als Zeichen einer Personalisierung interpretiert werden. Kommt es zusätzlich zu einer Polarisierung, d.h. werden bestimmte Personen auf irakischer Seite häufig bestimmten amerikanischen Handlungsträgern gegenübergestellt, so wird auf diese Weise ein Freund-Feind-Schema konstruiert.

Hypothese 2:
Nationale Stereotype und Feindbilder drücken sich durch ein schmales Band immer wiederkehrender Vorstellungen, Eigenschaftszuschreibungen und Symbole aus. Dies zeigt sich in der Presseberichterstattung in Form einer Konzentration auf einige wenige Merkmalsbereiche bzw. Charaktereigenschaften.

Um diese Hypothese zu überprüfen werde ich alle Äußerungen, die Bewertungen über die Handlungsträger Saddam Hussein und Irak bzw. George W. Bush und die USA enthalten, untersuchen und in Anlehnung an die Studie von Christina Ohde in die fünf Bereiche „politisches System/ Verhalten", „Militär", „Wirtschaft/ Technologie/ Wissenschaft", „Kultur / Ideologie / Wertesystem" und „allgemeiner nationaler/ persönlicher Charakter" einteilen.

Anschließend soll überprüft werden, wie sich die Bewertungen auf diese 5 Sektoren verteilen. Konzentrieren sich dabei die wertenden Äußerungen über einen Handlungsträger nur auf bestimmte Bereiche, während andere Aspekte ausgeblendet werden, so begünstigt diese geringe Bewertungsbandbreite die Konstruktion von Feindbildern.

Definition der Bewertungsbereiche: (vgl. Ohde 1994: 132)

„**Politisches System / politisches Verhalten**": meint die Staats- und Regierungsform des jeweiligen Landes; die Art und Weise der Ausübung von Staatsgewalt und Herrschaft durch die politischen Führer bzw. Regierungsangestellten, aber auch das Verhalten in der Außen- und Kriegspolitik.

„**Militär**": bezieht sich auf das allgemeine Verhalten der Soldaten und ihrer Oberkommandierenden bzw. Befehlshaber sowie auf die Quantität und die Qualität der zur Verfügung stehenden Waffensysteme.

„**Wirtschaft / Technologie / Wissenschaft**": bezieht sich auf die konjunkturelle Lage und die Zusammensetzung der Ökonomie eines Landes, gemeint ist darüber hinaus auch der Fortschritt, den ein

Land in der Forschung oder Produktion gemacht hat. Bezüglich der Handlungsträger Bush und Hussein soll hier das private Vermögen, Wirtschaftsaktivitäten sowie der persönliche Umgang mit Wissenschaft verstanden werden.

„Kultur / Ideologie / Wertesystem": soll das Gebiet der Weltanschauungen, Religionen und Gesellschaftsordnungen eines Volkes / des Handlungsträgers abdecken.

„Nationaler / persönlicher Charakter": bezieht sich auf die Mentalität des ganzen Volkes bzw. auf das Verhalten und die Wesensart von Bush und Hussein.

Hypothese 3:
Jene Handlungsträger, die überdurchschnittlich häufig Gegenstand negativer Bewertungen sind, werden zu einem Feindbild. Jene Handlungsträger, die überdurchschnittlich oft positiv dargestellt werden, symbolisieren das Freundbild.

Welche Kriegspartei jeweils als die „Guten" und welche als die „Bösen" dargestellt wird, hängt mit den expliziten oder auch impliziten Bewertungen der Handlungsträger ab. Um festzustellen, wie „Spiegel" und „Profil" die Handlungsträger einstufen, habe ich alle Bewertungen auf einer fünfstufigen Skala nach folgendem Codiermodus eingestuft:

Codierung:
Alle Äußerungen und Bezeichnungen, die negative Bewertungen über den Charakter, das Verhalten und die Aktionen der Handlungsträger (Bush, Hussein, Irak, Amerika) enthalten, werden mit -2 kodiert und gelten als Indikatoren für ein Feindbild.
Alle Äußerungen und Bezeichnungen, die positive Beurteilungen über den Charakter, das Verhalten und die Aktionen der Handlungsträger enthalten, werden mit +2 kodiert und gelten als Indikator für ein Freundbild.

Da jedoch zu erwarten ist, dass vor allem in direkten Zitaten die Bewertungen über den jeweiligen Gegner eher negativ ausfallen

bzw. die „eigene" Seite übertrieben positiv dargestellt wird, sollen derartige Äußerung nur abgestuft Eingang in die Wertung finden, d.h. stammen die negativen Äußerungen über einen Handlungsträger von seinem direkten Kontrahenten, so ist gemäß der Hypothese, dass die Bewertungen der direkten Kontrahenten über den jeweiligen Gegner schärfer ausfallen als die Bewertungen außenstehender Beobachter (z.B.: Journalisten), diese Bewertung mit -1 zu kodieren.
Wird ein Handlungsträger durch einen ihm nahe stehenden Kommentator positiv bewertet, so soll dies auf Grund der Annahme, dass hier durch patriotische Absichten bewusst ein positives Bild vermittelt wird, nur mit +1 kodiert werden.
Kommt in einem Artikel keine Bewertung eines Bereichs vor, so wird dies mit 0 kodiert.

Mir ist in diesem Zusammenhang sehr wohl bewusst, dass eine eindeutige Einschätzung von Äußerungen und Formulierungen in positive und negative Bewertungen außerordentlich schwierig ist und schlussendlich meist auf einer subjektiven Einschätzung beruht. Darauf weist auch Bessler (1972) hin, wenn er die Ansicht vertritt „dass eine wirklich valide und reliable Messung von Einstellungsäußerungen in den Aussagen der Massenmedien illusorisch ist" (Bessler 1972: 18).
Um die Subjektivität der Codiervorschriften möglichst gering zu halten, habe ich einigen Kollegen, die nicht direkt mit der Thematik vertraut waren, Beispiele für positive bzw. negative Bewertungen vorgelegt und sie um ihre Einschätzung gebeten. Auf diese Weise sollte zumindest ansatzweise eine gewisse Intercoderreliabilität erreicht werden.
Dennoch muss ich einräumen, dass die Bewertungen der Äußerungen schlussendlich auf meiner subjektiven Einschätzung beruhen und keineswegs verallgemeinert werden können. Da ich das Bewertungsschema jedoch durchgehend auf alle Artikel in beiden Nachrichtenmagazinen angewandt habe, sollten sich daraus zumindest gewisse Tendenzen ablesen lassen.

Hypothese 4:
Freund- und Feindbilder (Autostereotype und Heterostereotype) konstituieren sich gegenseitig. Dadurch besteht ein Zusammen-

hang zwischen der Häufigkeit und Intensität der Bewertungsprofile der gegnerischen Handlungsträger.

Ausgehend von dieser Hypothese werde ich untersuchen, ob eine Kriegsseite meist positiv bewertet wird, während gleichzeitig die gegnerische Seite mit negativen Bewertungen in Verbindung gebracht wird. Im Falle einer derartig ungleichen Einschätzung der Konfliktgegner wird die Distanz zwischen den beiden Handlungsträgergruppen so vergrößert, dass sich daraus ein Freund-Feind-Schema entwickeln kann.

Hypothese 5:
Ausgehend von der Annahme, dass bestimmte journalistische Gattungen die Feindbild-Konstruktion aufgrund inhaltlicher Besonderheiten begünstigen, lautete meine fünfte Hypothese:

Im Hinblick auf die Produktion von Feindbildern sind Häufigkeit und Intensität der Bewertungen je nach journalistischer Gattung unterschiedlich.

Gemäß der allgemein akzeptierten Definitionen der journalistische Textgattungen ist davon auszugehen, dass Kommentare wesentlich mehr bewertende Ausdrücke enthalten als Nachrichten bzw. Berichte, die per definitionem eigentlich gar keine Bewertungen enthalten dürften.

Im Rahmen meiner Inhaltsanalyse sollen dabei folgende Gattungen unterschieden werden:

1. **Nachricht**: Sachliche, weder affektgeladene noch kommentierte Kurzmeldung (Mitteilung) über ein aktuelles Ereignis (Tatsache); Nachrichten informieren knapp, prägnant und in unpersönlichem Stil über den Vorgang (Was, Wie), die beteiligten Personen (Wer), den Ort (Wo) und den Zeitpunkt (Wann) des Ereignisses. Als Nachricht soll jeder sachliche und kurze Beitrag über ein Ereignis gelten.

2. **Bericht**: Erweiterte Form der Nachricht, die sich einerseits an den Charakter der Nachricht anlehnt, andererseits bereits erklärende Züge trägt (Wodurch, Warum). Berichte werden meist mit Agenturkürzel oder dem Namen des Korrespondenten formal gekennzeichnet.

3. **Reportage**: Tatsachenbetonter, aber persönlich gefärbter Erlebnisbericht, wobei der Reporter aus eigener Augenzeugenschaft berichtet. Eine Reportage unterscheidet sich von der reinen Nachrichtenvermittlung durch den persönlicheren Stil, den meist größeren Umfang und detailliertere Hintergrundinformationen. Dieser Definition zufolge wird als Reportage jeder längere Beitrag kodiert, der eindeutig erzählerisch aufbereitet ist und über die bloße Wiedergabe der Geschehnisse hinaus Hintergrundinformationen liefert. Solche Beiträge sind in der Regel mit dem Namen des Korrespondenten sowie einer Ortsangabe gekennzeichnet.

4. **Kommentar**: Meinungsbildende, aber sachliche Stellungnahme zu gesellschaftlichen oder politischen Ereignissen und individuellen Problemen; der Kommentator erläutert, interpretiert und bewertet aktuelle Ereignisse und beweist oder widerlegt Meinungsäußerungen. Kommentare sind in der Regel besonders platziert und ausgewiesen sowie namentlich gekennzeichnet.

5. **Interview**: in Frage-Antwort-Form wiedergegebener Beitrag, in dem die persönlichen Aussagen der Befragten sowie die Fragestellungen der Redakteure in direkter Rede wiedergegeben werden. Die Zuordnung zur Gattung der Interviews sollte auf Grund dieser spezifischen Darstellungsweise keine Probleme bereiten.

6. **Sonstiges**: Alle Beiträge, die den oben genannten Kategorien nicht entsprechen, werden in dieser Rubrik subsumiert.

Hypothese 6:
Massenmediale Feindbild-Erzeugung beruht zum Teil auf einer selektiv verzerrten und unausgewogenen Berichterstattung, d.h. auf einem Mangel an Hintergrundinformationen, wie etwa Berichten über die Gründe der Golfkrise und die Absichten der Beteiligten.

Daher soll auch untersucht werden, inwieweit sich „Spiegel" und „Profil" mit den Zielen und Absichten der einzelnen Handlungsträger bzw. gegnerischen Parteien auseinandersetzen. Codiert werden hier jedoch nur die explizit genannten Ziele.

Hypothese 7:
Handlungsträger, denen die Verantwortung für die Eskalation des Konflikts bzw. für den Kriegsausbruch und die damit verbundenen Konsequenzen zugeschrieben wird, bekommen beim Rezipienten leicht ein Täterimage, was sich in der Konstruktion von Feindbildern auswirken kann.

In militärischen Konflikten fühlen sich stets alle Kriegsparteien mit ihrer Einstellung bzw. ihren Aktionen im Recht und schieben gleichzeitig die gesamte Schuld an allen negativen Auswirkungen dem Gegner zu. Ich werde daher überprüfen, in welcher Form die Journalisten diese Schuldzuweisungen übernehmen bzw. welcher Kriegsseite dabei die Hauptverantwortung für die Eskalation des Irak-Konflikts bzw. den Kriegsausbruch und die damit verbundenen Kriegsfolgen zugeschrieben wird.

Während im Golfkrieg 1991 noch Saddam Hussein von den Medien mehr oder weniger die gesamte Verantwortung für den Konflikt zugeschrieben wurde, gehe ich auf Grund der vor allem in Deutschland aber auch Österreich herrschenden Anti-Amerika-Stimmung davon aus, dass im Golfkrieg 2003 auch den USA Schuld an der Entwicklung des Konflikts zugesprochen wird und die Begründungen, mit denen die Bush-Regierung den Kriegseinsatz legitimieren wollte, von den Medien eher skeptisch aufgenommen wurden.

Hypothese 8:
Im deutschen Nachrichtenmagazin „Spiegel" werden die amerikanischen Kriegsaktionen negativer beurteilt als im österreichischen Magazin „Profil", da in Deutschland die Anti-Kriegs- und Anti-Amerika-Stimmung deutlicher ausgeprägt war als in Österreich

Für Deutschland stellte sich im Vorfeld des Krieges die Frage, ob sich das Land an den militärischen Aktionen der USA im Irak beteiligt oder nicht. Da die Mehrheit der deutschen Bundesregierung den amerikanischen Kriegseinsatz für ungerechtfertigt und unnötig hielt, sprachen sich die meisten deutschen Politiker ganz klar gegen eine Kriegsbeteiligung aus, was von der deutschen Bevölkerung durchaus begrüßt wurde.

Im Vergleich dazu mussten sich Österreichs Politiker aufgrund der weniger bedeutenden Stellung Österreichs bei internationalen Konflikten nicht eindeutig für oder gegen einen Kriegseinsatz im Irak aussprechen. Ich möchte daher untersuchen, ob sich diese unterschiedliche politische Situation und Stimmung, die in Deutschland und Österreich im Frühjahr 2003 herrschte, auch in der medialen Berichterstattung niedergeschlagen hat.

Die Überprüfung der Hypothese 8 soll daher kontinuierlich bei der Überprüfung der oben vorgestellten Hypothesen stattfinden, indem die Ergebnisse von „Spiegel" und „Profil" gegenübergestellt und verglichen werden.

2. Untersuchungsdesign
2.1. Auswahl der Untersuchungsmethode

Da ich gemäß meiner zentralen Forschungsfrage in erster Linie untersuchen möchte, wie Journalisten durch ihre medialen Darstellungsweisen zur Konstruktion von Feindbildern beitragen können, und nicht näher auf die tatsächliche Wirkungen beim Rezipienten eingehen möchte, bietet sich zur Überprüfung meiner Hypothesen eine quantitative Inhaltsanalyse an.

Die Inhaltsanalyse ist nach einer Definition von Werner Früh „eine empirische Methode zur systematischen, intersubjektiv nachvollziehbaren Beschreibung inhaltlicher und formaler Merkmale von Mitteilungen" (Früh 1991: 24).

2.2. Auswahl des Untersuchungsmaterials

Da ich bei meiner Untersuchung überprüfen wollte, in welchem Ausmaß in Ländern, die nicht unmittelbar am Krieg beteiligt sind, durch die Medien Feindbilder vermittelt werden, habe ich mich bei der Auswahl meines Untersuchungsmaterials auf ein deutsches und ein österreichisches Medium festgelegt. Zusätzlich interessierte mich, ob die medialen Bewertungen der US-Kriegsaktionen in Deutschland auf Grund der eindeutigen Anti-Kriegsposition der Regierung negativer ausfielen, als in österreichischen Medien.
Um die erhobenen Daten möglichst sinnvoll miteinander vergleichen zu können, sollten die untersuchten Printmedien in ihrem jeweiligen Erscheinungsland ähnliche Lesergruppen ansprechen. Da die Berichterstattung über den Golfkonflikt 2002/2003 vor allem in den politischen Nachrichtenmagazinen sehr detailliert ausfiel, hab ich schließlich die Magazine „Spiegel" und „Profil" ausgewählt, die sich in ihrer Themenstruktur (außer in der innenpolitischen Berichterstattung) nicht allzu stark unterscheiden.

Da sich mein Vergleich im Rahmen dieser Diplomarbeit nur auf zwei Magazine beschränken kann und meine Untersuchung daher nur exemplarischen Charakter hat, sind Verallgemeinerungen der

Ergebnisse dieser Gegenüberstellung für den Rest der deutschen bzw. österreichischen Medien klarerweise nicht zulässig.

2.3. Untersuchungszeitraum

Für die Konstruktion von Feindbildern ist nicht nur der Zeitraum der eigentlichen Kampfhandlungen ausschlaggebend, sondern bereits die Zeit vor Kriegsausbruch, denn vor allem in dieser Phase setzen die Konfliktparteien häufig Feindbilder ihres Gegners als Propagandamittel ein.

Daher soll im Rahmen meiner Untersuchung auch die Berichterstattung vor dem offiziellen Kriegsausbruch mitberücksichtigt werden. Mein gesamter Untersuchungszeitraum umfasst somit alle Ausgaben von „Spiegel" und „Profil" des ersten Halbjahres 2003 (Ausgaben 1-26), d.h. konkret gesagt den Zeitraum von 20. Dezember 2002 bis 16. Juni 2003.

Um bei der nachfolgenden Überprüfung meiner Hypothesen auch Entwicklungen der Berichterstattung im Verlauf der Krise besser feststellen zu können, habe ich diese Zeitspanne in fünf Einheiten unterteilt:

Zeit 1: 20.12.02 – 27.1.03
Zeit 2: 28.1.03 – 3.3.03
Zeit 3: 4.3.03 – 7.4.03
Zeit 4: 8.4.03 – 12.5.03
Zeit 5: 13.5.03 – 16.6.03

Diese Festlegung meines Untersuchungszeitraums erfolgte einerseits unter Berücksichtigung der unten dargestellten Chronologie des Golfkonflikts, andererseits auch in Hinblick auf den Umfang der medialen Berichterstattung. Sowohl in „Spiegel" als auch in „Profil" wurde besonders im Vorfeld des Krieges sehr ausführlich über die UNO-Waffeninspektionen, die Streitigkeiten zwischen USA und UN-Sicherheitsrat bzw. die Unstimmigkeiten innerhalb der EU berichtet. (Zeit 1 + Zeit 2)

Mit Kriegsausbruch am 20. März 2003 fand auch die Berichterstattung einen Höhepunkt, der sich vier Wochen lang hielt. (Zeit 3)

Ab Ende April nahmen der Umfang und die Häufigkeit der Berichte kontinuierlich ab. (Zeit 4 + Zeit 5) Der „Spiegel" brachte zwar in den

Sommermonaten noch einmal eine Sonderserie, in welcher der genaue Verlauf der Kriegsereignisse am Golf als Rückblick beschrieben wurde, doch dies dürfte in erster Linie eine Methode im Kampf gegen das „sommerliche Nachrichtenloch" gewesen sein.

Um die nachfolgenden Ergebnisse der Berichterstattung besser einordnen zu können, hier noch einmal ein Überblick über den Verlauf der Golfkrise 2002/2003:

2.3.1. Chronologie des Golfkonflikts 2002/2003

2002:
29. Januar: Bush bezeichnet den Irak zusammen mit Iran und Nordkorea als die „Achse des Bösen"
11. Oktober: Der US-Kongress ermächtigt Präsident George W. Bush mit großer Mehrheit, einen Militärschlag gegen den Irak auszuführen.
8. November: Der UN-Sicherheitsrat beschließt Resolution 1441, in der dem Irak "ernste Konsequenzen" angedroht werden, falls er seine Waffenprogramme nicht vollständig offen legt und seine Bestände vernichtet.
13. November – 27. November: Irak erklärt sich mit den Bestimmungen der Resolution 1441 einverstanden und verspricht, mit den UNO-Inspekteuren zusammenzuarbeiten, die unter der Leitung von Hans Blix offiziell mit der Suche nach biologischen, chemischen und ballistischen Waffen des Iraks beginnen.
7. Dezember: Die irakische Regierung übergibt der UNO fristgerecht eine umfassende Erklärung, in der die irakischen Bestände an chemischen, biologischen und nuklearen Waffen aufgeführt sind.
2003:
27. Januar: Die Waffeninspektoren legen dem UNO-Sicherheitsrat ihren ersten vollständigen Bericht vor. Sie werfen dem Irak schwere Versäumnisse vor. Gleichzeitig fordern sie mehr Zeit für weitere Inspektionen.
31. Januar: US-Präsident George W. Bush sagt bei einem Treffen mit dem britischen Premierminister Tony Blair, dass für eine diplomatische Lösung nur noch eine Frist von Wochen, nicht Monaten bliebe.

14. Februar: Die Waffeninspektoren berichten dem UNO-Sicherheitsrat über den Fund verbotener Raketen im Irak. Beweise für Massenvernichtungswaffen bzw. ein irakische Nuklearprogramm gibt es immer noch keine.

24. Februar: Die USA, Großbritannien und Spanien („Die Koalition der Willigen") legen dem Sicherheitsrat einen Entwurf für eine neue Resolution vor, welche die rechtliche Grundlage für einen Krieg schaffen soll, da der Irak die Resolution 1441 "erheblich verletzt" habe. Frankreich, Russland und Deutschland lehnen den Vorschlag aus Washington ab. Sie wollen die Inspektionen verstärken.

1. März: Irak beginnt fristgerecht mit der Zerstörung seiner Al-Samoud-2-Raketen.

7. März: Unmovic-Chef Blix lobt in einem Bericht über den Fortschritt bei der Entwaffnung des Iraks die verbesserte Zusammenarbeit mit Bagdad. Trotzdem wollen die Amerikaner und Briten Hussein ein Ultimatum setzen.

10. März: Die USA und Großbritannien erhalten im UNO-Sicherheitsrat nicht die notwendige Unterstützung für ihren Resolutionsentwurf.

17. März: Da im UNO-Sicherheitsrat keine Mehrheit für eine zweite Irak-Resolution zustande kommt, erklärt die US-Regierung die Diplomatie der Vereinten Nationen für gescheitert. Die USA empfehlen den UN-Waffeninspektoren den Irak zu verlassen. UNO-Generalsekretär Kofi Annan beschließt alle UNO-Mitarbeiter aus dem Irak abzuziehen.

18. März: In einer Rede an die Nation droht US-Präsident George W. Bush dem Irak mit Krieg, wenn Hussein und dessen Söhne das Land nicht innerhalb von 48 Stunden verlassen.

20. März: US-Präsident George Bush kündigt in einer Rede den Kriegsbeginn an. Ab 3.34 Uhr MEZ bombardieren US-Streitkräfte Bagdad. Saddam Hussein ruft zum "Heiligen Krieg" auf.

21. März – 22. März: Die Amerikaner und Briten wollen mit massiven Bombardements die irakischen Streitkräfte zur Aufgabe bewegen. Alliierte Bodentruppen kämpfen um die südirakischen Städte Umm Kasr und Basra und besetzen Ölfelder in Südirak. Türkische Soldaten marschieren im Nordirak ein. Weltweit demonstrieren Hunderttausende gegen den Krieg.

23. März: Im irakischen Fernsehen werden Bilder von getöteten, verletzten und gefangen genommenen US-Soldaten ausgestrahlt. Während sich die Gefechte im Südirak für die USA schwieriger als erwartet erweisen, nähern sich die alliierten Truppen Bagdad auf 160 Kilometer an.
24. März: Starker Widerstand der irakischen Soldaten im Südirak und Abschuss eines Apache-Hubschraubers der Amerikaner. Als in der Nähe von Bagdad die Alliierten bereits Saddam Husseins Eliteeinheiten gegenüberstehen, fordert der Diktator die Iraker in einer Fernseh-Ansprache erneut zum "Heiligen Krieg" auf.
25. März – 30. März: Der Kampf um Bagdad beginnt. Die USA wollen ihre Truppen verstärken. In den belagerten Städten fehlt bereits Trinkwasser und besteht Seuchengefahr.
31. März – 3. April: Heftige Kämpfe rund um Bagdad.
4. April: US-Streitkräfte besetzen den internationalen Flughafen in Bagdad.
6. April: Nach Angaben des US-Oberkommandos haben amerikanische Einheiten Bagdad umzingelt. Amerikanische Regierungsvertreter sagen, dass die USA und nicht die Vereinten Nationen den Wiederaufbau in Irak koordinieren sollen.
7. April: US-Truppen stoßen ohne allzu großen Widerstand in das Zentrum Bagdads vor. UNO-Generalsekretär Kofi Annan drängt auf eine wichtige Rolle der UNO im Nachkriegsirak.
8. April: USA versuchen "Enthauptungsschlag" gegen Saddam Hussein. Drei Journalisten sterben bei US-Angriffen auf das Hotel "Palestine" und ein Gebäude des arabischen Senders al-Dschasira.
9. April: US-Truppen besetzen die wichtigsten Punkte in Bagdad. Gemeinsam mit jubelnden Irakern stürzen sie die Statue Saddam Husseins. Die irakischen Sicherheitskräfte verschwinden aus Bagdad, die Zentralmacht löst sich auf. Saddam-treue Truppen halten sich nur noch in Saddams Heimatstadt Tikrit, in Mosul und Kirkuk. Der Verbleib Saddam Husseins und der übrigen Mitglieder des Regimes ist unklar.
10. April: Während die Alliierten im Norden Iraks ihre Bombardements fortsetzen, bricht in Bagdad Anarchie aus. Iraker plündern Paläste, Regierungsgebäude, Kliniken und Privathäuser. Amerikaner oder Briten greifen nicht ein. George W. Bush und Tony Blair halten Ansprachen im irakischen Fernsehen.

11. April: In großen irakischen Städten wie Bagdad und Mosul herrscht nach wie vor Anarchie und in der Hauptstadt bricht die Gesundheitsversorgung weitgehend zusammen. Von Saddam Hussein fehlt jede Spur. Die USA bombardieren dessen Geburtsstadt Tikrit.
15. April: Die amerikanischen und britischen Truppen kontrollieren inzwischen alle wichtigen Städte Iraks und US-Präsident Bush gibt bekannt, dass es "Saddam Husseins Regime nicht mehr gibt". Das US-Militär beginnt mit dem Abzug von Einheiten und Langstreckenbombern.
18. April: USA entsenden Waffeninspekteure in den Irak
19. April: Die sechs Nachbarstaaten des Iraks fordern die USA und Großbritannien zu einem raschen Truppenrückzug auf.
21. April: Der amerikanische Verwalter für Irak, Jay Garner nimmt in der Hauptstadt Bagdad seine Arbeit zum Wiederaufbau des Landes auf. Der entmachtete irakische Präsident Saddam Hussein und seine Söhne Kusai und Udai sind nach wie vor auf der Flucht.
23. April: Der Weltsicherheitsrat will die Sanktionen gegen den Irak formal aufrechterhalten, um das Hilfsprogramm "Öl für Lebensmittel" zu verlängertern. Die USA fordern jedoch die sofortige Aufhebung der Sanktionen. Washington droht der UNO und dem widerspenstigen Sicherheitsratsmitglied Frankreich mit Konsequenzen.
24. April: US-Truppen nehmen vier führende Helfer des gestürzten irakischen Präsidenten Saddam Hussein gefangen.
Ende April / Juni: Weiterhin suchen US-Truppen nach Hussein und versuchen die Sicherheitsprobleme in Bagdad in den Griff zu bekommen. Die Planungen der zukünftigen irakischen Verwaltung beginnen.

2.4. Zähleinheit:

Gegenstand meiner Untersuchung waren innerhalb des festgelegten Untersuchungszeitraums alle Artikel in den Magazinen „Spiegel" und „Profil", die sich ausdrücklich und eindeutlich erkennbar mit der Golfkrise bzw. dem Golfkrieg befassten.

3. Datenauswertung
3.1. Datenbasis

Insgesamt wurden 259 Artikel untersucht, von denen 152 auf „Spiegel" und 107 auf „Profil" entfallen.

Die Verteilung der einzelnen Gattungen innerhalb der untersuchten Artikel erfolgte folgendermaßen:

Tabelle 3: Verteilung der journalistischen Gattungen innerhalb der untersuchten Artikel von „Spiegel" und „Profil"

Gattung	„Spiegel"	„Profil"
Nachricht	2	3
Bericht	76	55
Reportage	39	19
Kommentar	1	10
Interview	31	17
Sonstiges	3	3
Total	152	107

Auf die Bedeutung dieser Verteilung der journalistischen Gattung für die Feindbildkonstruktion wird bei der Überprüfung von Hypothese 5 genauer eingegangen.

Was die Themenstruktur der Artikel betrifft, so fällt auf, dass beide Magazine vor allem die Bereiche Politik und Militär sowie eine Kombination dieser beiden Gebiete behandelten. Diese thematische Konzentration kommt in „Profil" noch extremer zum Ausdruck als im „Spiegel": In „Profil" behandeln rund 81 % der untersuchten Artikel politische oder militärische Themengebiete, im „Spiegel" sind es nur ca. 68%.

Dafür kommen im „Spiegel" deutlich mehr Artikel vor, die eine Kombination von so genannten „human touch"-Artikeln mit anderen Themengebieten enthalten. Dies lässt sich durch den höheren Anteil von Reportagen im „Spiegel" erklären, da gerade in dieser journalistischen Gattung gerne „human touch"-Themen verwendet werden. In „Profil" spielen Reportagen keine so große Rolle, da die Berichterstattung in erster Linie in Form von Berichten erfolgt.

Ökologische Aspekte werden hingegen von beiden Nachrichtenmagazinen kaum behandelt: Im „Spiegel" gibt es lediglich einen Beitrag, der sich ausschließlich mit ökologischen Themen befasst, sowie einen Beitrag, der diese Thematik zumindest am Rande enthält. In „Profil" sucht man hingegen völlig vergeblich nach Erwähnungen ökologischer Aspekte.

Aus dieser Häufigkeitsverteilung lässt sich schließen, dass beide Magazine ihre Berichterstattung so stark auf die politischen, militärischen und wirtschaftlichen Aspekte konzentriert haben, dass kein Platz mehr für die Thematisierung ökologischer Auswirkungen im Kriegsfall bleibt.

Hier noch einmal die wichtigsten Zahlen im Überblick:

Tabelle 4: Themenverteilung in den untersuchten Artikeln: [4]

Thema	Spiegel	Profil
Politisch	22,4	47,9
Militärisch	13,2	11,2
Politisch-militärisch	32,9	26,2
Wirtschaftlich	3,3	1,9
Politisch-wirtschaftlich	4,6	3,7
Ökologisch	0,7	0
Ökologisch + anderes	0,7	0
Human touch	1,3	2,8
Human touch + anderes	15,1	5,6
Andere Kombinationen	5,9	4,7

3.2. Überprüfung Hypothese 1:
Personalisierung und Personifizierung

Mit meiner ersten Hypothese sollte überprüft werden, ob sich „Spiegel" bzw. „Profil" bei ihrer Berichterstattung über den Golfkrieg 2003 auf wenige Handlungsträger konzentrieren und durch diese Personalisierung Freund- und Feindbilder konstruieren.

---

[4] Alle Angaben sind Prozentwerte

Einzelanalyse der Magazine:
Ergebnisse „Spiegel":
Bei der Untersuchung der Häufigkeitsverteilung der Handlungsträger zeigt sich, dass Saddam Hussein die zentrale Hauptfigur in der „Spiegel"-Berichterstattung gewesen ist: In rund 58 % aller untersuchten Artikel scheint der irakische Diktator unter den Top 6-Handlungträgern auf. Interessant ist in diesem Zusammenhang aber, dass die mediale Aufmerksamkeit für Hussein, die vor Ausbruch des Krieges noch enorm hoch ist (Zeit 1: 70% bzw. Zeit 2: 75%), mit Beginn der Kampfhandlungen deutlich zurückgeht (Zeit 3: 50%).
Eine gegensätzliche Entwicklung gibt es bei dem am zweithäufigsten genannten Handlungsträger, nämlich den amerikanischen und britischen Truppen, die in immerhin 44 Prozent aller Artikel genannt werden. Ihre Bedeutung in der Berichterstattung des „Spiegel" steigert sich (nach einem kurzen Einbruch in Zeit 2) von 35% (Zeit 1) auf 59% (Zeit 4). Diese Entwicklung hängt sicherlich damit zusammen, dass das Militär erst mit Ausbruch der Kampfhandlungen entscheidende Bedeutungen für den Verlauf des Konflikts bekommt und daher erst ab diesem Zeitpunkt häufiger als Handlungsträger genannt wird. Auch die mediale Aufmerksamkeit für die irakischen Truppen steigert sich daher kontinuierlich (Zeit 1: 5% - Zeit 5: 36%), bleibt aber trotzdem während des gesamten Untersuchungszeitraum deutlich hinter jener der US-Truppen zurück.

Als zweiter Hauptgegner Husseins tritt neben den amerikanischen und britischen Truppen US-Präsident George W. Bush auf, der in knapp 40 % aller untersuchten Artikel erwähnt wird. Ähnlich wie bei seinem Gegenspieler Hussein sinkt jedoch auch Bushs mediale Bedeutung im Verlauf des Konflikts: Während der US-Präsident im ersten Untersuchungszeitraum noch in 60 % aller Artikel vorkommt, sinkt seine mediale Präsenz stetig und fällt im fünften Untersuchungszeitraum sogar auf nur 9 %.
Dieser rapide Abfall von Bush lässt sich dadurch erklären, dass gleichzeitig die mediale Aufmerksamkeit für die gesamte US-Regierung von 40% auf 55% gestiegen ist. Die Einzelperson Bush wird somit nach und nach von der Gruppe seiner Regierungsmitglieder abgelöst.

Daraus kann man den Schluss ziehen, dass die Berichterstattung im „Spiegel" vor Beginn der Kampfhandlungen noch eindeutig auf einzelne Personen konzentriert ist, dass sich die Aufmerksamkeit aber im Verlauf der Berichterstattung auf Handlungsträger, die aus mehreren Einzelpersonen bestehen, verlagert.

Diese Tendenz zur abnehmenden Personifizierung bestätigt sich auch auf irakischer Seite. Werden die irakischen Politiker rund um Saddam Hussein in den ersten beiden Untersuchungszeiträumen nur sehr selten genannt (Zeit 1: 5% bzw. Zeit 2: 12%), so treten sie in Untersuchungszeitraum vier und fünf deutlich stärker als Handlungsträger in Erscheinung (Zeit 4: 34% bzw. Zeit 5: 36%). Dieser Anstieg lässt sich mit der Diskussion um die zukünftige politische Organisation des Irak nach dem amerikanischen Sieg erklären, bei der verstärkt irakische Exil- bzw. Oppositionspolitiker als Akteure erwähnt werden.

Neben politischen und militärischen Handlungsträgern findet aber auch die irakische Zivilbevölkerung durchaus Beachtung in der Berichterstattung des „Spiegel": Liegt sie vor Ausbruch der Kampfhandlungen noch bei relativ geringen 15 %, so wurden die irakischen Bürger nach dem offiziellen Kriegsende schon in knapp 64 % aller Artikel genannt. Diese Zahlen zeigen, dass der „Spiegel" auch die Situation und Schwierigkeiten der irakischen Bürger speziell während und nach den Kampfhandlungen thematisieren will.
Dem im Golfkrieg 1991 oft geäußerten Vorwurf eines „sauberen Krieges", bei dem die irakische Zivilbevölkerung weitgehend ausgeblendet wird, muss sich der „Spiegel" daher 2003 nicht aussetzen. Während die irakische Zivilbevölkerung im fünften Untersuchungszeitraum sogar zum wichtigsten Handlungsträger avanciert, findet die amerikanische Zivilbevölkerung verschwindend geringe Beachtung.
Zu den übrigen Handlungsträgern möchte ich nur so viel sagen, dass ihre Bedeutung im Zusammenhang mit den Kriegsgeschehnissen eher gering ist. Lediglich den UNO-Waffeninspektoren sowie dem UNO-Sicherheitsrat wird vor Ausbruch der Kampfhandlungen noch größere mediale Aufmerksamkeit gewidmet, die jedoch ab Untersuchungszeitraum 3 deutlich nachlässt. Die anfangs relativ häufi-

ge Nennung deutscher Politiker (vor allem Schröder und Fischer) ist nicht erstaunlich, da der „Spiegel" als deutsches Nachrichtenmagazin natürlich auch die Auswirkungen des Konflikts auf das eigene Land und die Reaktionen in der nationalen Politik darstellen will.

Die Daten im Überblick:
Tabelle 5: Handlungsträgernennung in den untersuchten Artikeln des "Spiegel" [5]

Handlungsträger	Ges.	%	Zeit1	Zeit2	Zeit3	Zeit4	Zeit5
Hussein	88	9,7	70,0	75	50	50	45,5
Irakischer Außenminister	1	0,1	0	0	0	3,1	0
Andere irakische Politiker	28	3,1	5,0	12,1	14,3	34,4	36,4
Irakische Truppen / Republikanische Garden (inkl. Militärisches Oberkommando)	49	5,4	20,0	27,3	30,4	34,4	54,5
Irakische Zivilbevölkerung	51	5,6	15,0	18,2	28,6	59,4	63,6
Bush	60	6,6	60,0	54,5	32,1	34,4	9,1
US Außenminister	15	1,7	0	18,2	7,1	6,3	27,3
Andere US Politiker	18	1,8	5,0	24,2	5,4	12,5	18,2
Amerikanische und britische Truppen (inkl. Militärisches Oberkommando)	67	7,4	35,0	27,3	46,4	59,4	54,5
US Zivilbevölkerung	7	0,8	0	6,1	5,4	6,3	0
US Regierung	46	5,1	40,0	24,2	23,2	34,4	54,5
UNO Sicherheitsrat	18	2,0	25,0	9,1	12,5	6,3	9,1
Waffeninspekteure	18	2,0	25,0	30,3	1,8	3,1	18,2
Führende britische Politiker	15	1,7	15,0	3,0	12,5	9,4	9,1
Führende französische Politiker	18	2,0	15,0	12,1	14,3	9,4	0
Führende deutsche Politiker	24	2,6	35,0	12,1	19,6	6,3	0
Führende spanische Politiker	3	0,3	0	0	3,6	3,1	0
Führende sowjetische Politiker	8	0,9	10,0	0	7,1	6,3	0
Führende Politiker im Nahen Osten	21	2,3	15,0	12,1	16,1	15,6	0
Zivilbevölkerung im Nahen Osten	13	1,4	0	12,1	10,7	9,4	0

[5] Ges. = absolute Häufigkeit für den gesamten Untersuchungszeitraum; % = Anteil an den Handlungsträgernennungen insgesamt; Zeit1, Zeit2, Zeit3, Zeit4, Zeit5 = die Werte sind Prozentangaben, die sich auf die Anzahl der pro Untersuchungszeitraum analysierten Artikel beziehen

Ergebnisse „Profil":
Besonders auffällig an der Berichterstattung in „Profil" ist die starke Konzentration auf amerikanische Handlungsträger. Die ersten beiden Plätze bei der Häufigkeitsverteilung der Handlungsträger beanspruchen ganz eindeutig die US-Regierung mit Nennungen in fast 61% aller untersuchten Artikel, gefolgt vom amerikanischen Staatsoberhaupt George W. Bush, der in knapp der Hälfte aller untersuchten Artikel als Handlungsträger genannt wird. Erst an dritter Stelle liegen gleichauf mit jeweils 44 % Saddam Hussein und die amerikanischen und britischen Truppen.

Betrachtet man die Entwicklung der Handlungsträgerverteilung über die fünf Untersuchungszeiträume hinweg, so lassen sich bei der US-Regierung extreme Schwankungen feststellen: Während sie im ersten Untersuchungszeitraum in 46 % der Artikel erwähnt wird, steigt ihre Bedeutung in den Wochen vor Kriegsausbruch (Zeit 2) sprunghaft auf 92 %, bevor sie in Untersuchungszeitraum 3 wieder auf ihr Anfangsniveau zurückfällt. Diese Wellenbewegung setzt sich auch im 4. und 5. Untersuchungszeitraum fort, in denen die Nennungen der US-Regierung zunächst wieder auf über 70 % steigen, bevor sie sich auf 50 % einpendeln.

Beim zweithäufigsten Handlungsträger George W. Bush steigt die mediale Aufmerksamkeit im Verlauf des Konflikts kontinuierlich an und findet im vierten Untersuchungszeitraum mit fast 65 % ihren Höhepunkt, bevor sie im fünften Zeitraum wieder auf 50 % zurückfällt. In „Profil" scheint somit die häufige Nennung der US-Regierung eine ebenfalls sehr hohe mediale Aufmerksamkeit für Bush als Handlungsträger nicht zu verhindern. Saddam Hussein werden somit gleich zwei Hauptgegner gegenübergestellt, die ihm in der medialen Aufmerksamkeit bis auf den ersten Untersuchungszeitraum, in dem Hussein in 77 % aller Artikel genannt wird, immer überlegen sind.
Interessant ist bei der Entwicklung der Handlungsträgernennungen von Hussein der starke Einbruch auf nur mehr 28 Prozent in der Zeit unmittelbar vor Kriegsausbruch (Zeit 2). Ab Beginn der Kampfhandlungen erholt sich dieser Wert jedoch wieder, bis Hus-

sein in Untersuchungszeitraum 5 mit 50 % gleich oft genannt wird, wie sein Kontrahent Bush.

Der dritte Hauptgegner Husseins sind neben der US-Regierung und Bush die amerikanischen und britischen Truppen, die wie der irakische Diktator in rund 44 % aller untersuchten Artikel als Handlungsträger genannt werden. Betrachtet man die Entwicklung hinsichtlich der fünf Untersuchungszeiträume so steigert sich die mediale Aufmerksamkeit von anfangs 15 % (Zeit 1) auf knapp 53 Prozent im vierten Untersuchungszeitraum, bevor sie in der letzten Phase wieder auf 50 Prozent zurückgeht. Diese Entwicklung gehen mit den unterschiedlichen Kriegsstadien einher: Naturgemäß rücken militärische Einheiten mit Kriegsausbruch verstärkt ins Zentrum des medialen Interesses, welches dann nach Ende der Kampfhandlungen langsam wieder nachlässt.

Interessanterweise entwickelt sich aber die mediale Aufmerksamkeit für die irakischen Truppen ganz anders: Mit Nennungen in insgesamt 21 % aller Artikel liegen sie bei der Häufigkeitsverteilung an sechster Stelle. Ihre Bedeutung als Handlungsträger schwankt jedoch während der fünf Untersuchungszeiträume enorm. Am häufigsten werden die irakischen Truppen im ersten Untersuchungszeitraum genannt, wo sie in rund 31 % aller Artikel erwähnt werden. In der Zeit unmittelbar vor Beginn der Kampfhandlungen sinkt jedoch dieser Wert auf nur mehr 4 % (Zeit 2), bevor er mit Kriegsausbruch wieder auf 26 % (Zeit 3) steigt. Im Untersuchungszeitraum fünf werden schließlich die irakischen Truppen gar nicht mehr genannt, doch dieses Ergebnis muss man, wie alle Ergebnisse zum Untersuchungszeitraum 5 vorsichtig interpretieren, da in dieser Phase die Berichterstattung von „Profil" über den Golfkonflikt schon so stark zurückgegangen ist, dass nur mehr zwei Artikel für diesen Zeitraum analysiert werden konnten.

Obwohl sich die Berichterstattung in „Profil" in erster Linie auf politische und militärische Handlungsträger konzentriert, findet auch die irakische Zivilbevölkerung in 31 % aller untersuchten Artikel von „Profil" Beachtung. Diese Handlungsträgergruppe ist eine der wenigen, die tatsächlich einen linearen Anstieg der medialen Aufmerksamkeit im Verlauf der fünf Untersuchungszeiträume erlebt. Werden Iraks Bürger anfangs nicht einmal in einem Viertel der Artikel erwähnt, so steigert sich die Zahl ihrer Nennungen nach Ende des offiziellen Krieges auf 50 % (Zeit 5). Dies zeigt, dass auch „Profil" die Situation und Probleme der Zivilbevölkerung im Kriegsgebiet thematisieren will. Im Vergleich dazu wird die amerikanische Zivilbevölkerung kaum beachtet, lediglich im zweiten Untersuchungszeitraum kurz vor Ausbruch der Kampfhandlungen werden US-Bürger in 16% der Artikel als Handlungsträger erwähnt.

Eine interessante Auffälligkeit der „Profil"-Berichterstattung ist die enorme mediale Aufmerksamkeit, die dem UN-Sicherheitsrat sowie den Waffeninspektoren rund um Hans Blix zuteil wird. Im ersten Untersuchungszeitraum werden diese beiden Handlungsträger mit 54% bzw. 62% sogar häufiger genannt als die US-Regierung oder George W. Bush, nur Saddam Hussein kommt in dieser Phase öfter vor (77%). Die Bedeutung des Sicherheitsrats bzw. der Waffeninspektoren nimmt jedoch mit Kriegsausbruch deutlich ab. Diese Entwicklung lässt sich in Hinblick auf die oben zusammengestellten Chronologie leicht erklären: Die Waffeninspektoren hatten vor Ausbruch des Krieges die wichtige Aufgabe, mittels ihrer Berichte über den Waffenbesitz von Saddam Hussein Argumente für bzw. gegen die Notwendigkeit eines Krieges zu liefern. Der Sicherheitsrat diskutierte diese Berichte und suchte auch nach Ansätze einer friedlichen Abrüstung Husseins. Als schließlich am 20. März George W. Bush offiziell den Kriegsbeginn erklärte, befanden sich die Waffeninspektoren nicht mehr im Kriegsgebiet und konnten daher ihrer Inspektionsarbeit nicht mehr nachkommen, weshalb sie auch in der Berichterstattung kaum mehr erwähnt wurden. Im Sicherheitsrat gab es zwar nach wie vor Diskussionen über die Rechtmäßigkeit des Krieges, die jedoch aufgrund der aktuellen Kampfhandlungen in dieser Phase nur wenig Beachtung in der medialen Berichterstattung bekamen.

Die Daten im Überblick:
Tabelle 6: Handlungsträgernennung in den untersuchten Artikeln aus "Profil" [6]

Handlungsträger	ges.	%	Zeit1	Zeit2	Zeit3	Zeit4	Zeit5
Hussein	47	7,3	76,9	28,0	38,0	47,1	50,0
Irakischer Außenminister	0	0,0	0,0	0,0	0,0	0,0	0,0
andere irakische Politiker	22	3,4	38,5	20,0	18,0	29,4	0,0
Irakische Truppen / Republikanische Garden (inkl. Militärisches Oberkommando)	22	3,4	30,8	4,0	26,0	23,5	0,0
irakische Zivilbevölkerung	33	5,1	23,1	28,0	32,0	35,3	50,0
Bush	53	8,3	38,5	40,0	52,0	64,7	50,0
US-Außenminister	8	1,3	23,1	8,0	2,0	11,8	0,0
andere US-Politiker	10	1,6	7,7	12,0	6,0	17,6	0,0
Amerikanische und britische Truppen (inkl. Militärisches Oberkommando)	47	7,3	15,4	36,0	50,0	52,9	0,0
amerikanische Zivilbevölkerung	7	1,1	0,0	16,0	4,0	5,9	0,0
Bush-Regierung	65	10,1	46,2	92,0	46,0	70,6	50,0
UNO Sicherheitsrat	28	4,4	53,8	32,0	20,0	17,6	0,0
Waffeninspekteur Blix	14	2,2	61,5	8,0	8,0	0,0	0,0
Führende britische Politiker	23	3,6	30,8	28,0	16,0	17,6	50,0
Führende französische Politiker	22	3,4	30,8	32,0	10,0	29,4	0,0
Führende deutsche Politiker	20	3,1	15,4	36,0	10,0	23,5	0,0
Führende spanische Politiker	2	0,3	0,0	4,0	2,0	0,0	0,0
Führende sowjetische Politiker	4	0,6	0,0	4,0	2,0	11,8	0,0
Führende Politiker im Nahen Osten	16	2,5	30,8	8,0	10,0	23,5	50,0
Zivilbevölkerung im Nahen Osten	8	1,3	7,7	4,0	10,0	5,9	0,0

[6] Ges. = absolute Häufigkeit für den gesamten Untersuchungszeitraum; % = Anteil an den Handlungsträgernennungen insgesamt; Zeit1, Zeit2, Zeit3, Zeit4, Zeit5 = die Werte sind Prozentangaben, die sich auf die Anzahl der pro Untersuchungszeitraum analysierten Artikel beziehen

Zusammenfassende Gesamtanalyse:
Zusammenfassend kann man feststellen, dass sich die beiden Nachrichtenmagazine „Spiegel" und „Profil" vor allem in der Konzentration auf einen Haupthandlungsträger deutlich unterscheiden: Während im „Spiegel" Saddam Hussein mit Abstand am häufigsten genannt wird, dominieren in der Berichterstattung von „Profil" amerikanische Akteure, konkret gesagt die US-Regierung, George W. Bush sowie die US-Truppen. Dies legt den Schluss nahe, dass der „Spiegel" dem irakischen Diktator die größte Bedeutung im Golfkonflikt zuschreibt, während „Profil" diese in erster Linie auf amerikanischer Seite sieht.

Ein besonders auffälliger Unterschied zwischen „Spiegel" und „Profil" zeigt sich bei der Entwicklung der medialen Aufmerksamkeit für US-Präsident Bush. Während im „Spiegel" die Häufigkeit der Handlungsträgernennungen von Bush im Verlauf der Berichterstattung kontinuierlich abnimmt und im fünften Untersuchungszeitraum bei nur mehr 9 % liegen, steigen sie in „Profil" von anfangs 39 % bis zum vierten Untersuchungszeitraum auf 65 %, bevor sie sich am Schluss auf 50 % einpendeln.

Insgesamt kann über die Berichterstattung im „Spiegel" festhalten, dass Einzelpersonen wie Hussein und Bush im Verlauf der Berichterstattung weniger oft als Handlungsträger genannt werden, aber dafür im Gegenzug andere Handlungsträgergruppen an Bedeutung gewinnen. Auf irakischer Seite wird die anfangs dominante Stellung Husseins in der Handlungsträger-Rangliste durch eine steigende Berichterstattung über die irakische Zivilbevölkerung sowie andere irakische Politiker abgelöst. Auf amerikanischer Seite geschieht Ähnliches: Die US-Politik wird nicht länger nur durch Person George W. Bushs repräsentiert, sondern die gesamte US-Regierung gewinnt kontinuierlich an Bedeutung.

Bei „Profil" bezieht sich die Berichterstattung von Beginn an weniger auf Einzelpersonen als Haupthandlungsträger, nur im ersten Untersuchungszeitraum dominiert Saddam Hussein die Berichterstattung. Diese starke Personalisierung durch den irakischen Diktator fällt jedoch im zweiten Untersuchungszeitraum rapid ab und steigt danach nur langsam wieder. Auf amerikanischer Seite konzentriert sich die Berichterstattung von Anfang an nicht nur auf den US-Präsidenten Bush sondern in erster Linie auf die Gruppe der US-Regierung.

Die Berichterstattung über die Zivilbevölkerung im Irak nimmt in beiden Nachrichtenmagazinen im Untersuchungszeitraum deutlich zu. Dies zeigt, dass sowohl „Profil" als auch „Spiegel" bemüht sind, den Krieg nicht allein als eine Auseinandersetzung zwischen Staatsleuten bzw. militärischen Einheiten darzustellen, sondern dass sie ein vielfältigeres Bild vermitteln wollen, indem auch die Konsequenzen von Kriegsgeschehnissen für betroffene Bürger thematisiert werden. Wurde im Golfkrieg 1991 immer wieder kritisiert, dass die Medien durch ihre Darstellung einen „sauberen Krieg" mit Ausblendung der Zivilbevölkerung vermitteln würden, so kann man diesen Vorwurf für die Berichterstattung über den Golfkonflikt 2002/2003 weder für „Profil" noch für „Spiegel" als bestätigt sehen.

Bezüglich meiner Hypothese 1 kann man festhalten, dass in beiden Magazinen auf irakischer Seite eine deutlich stärkere Personalisierungstendenz zu erkennen ist als auf amerikanischer: Der Irak wird meist durch die Einzelperson Saddam Husseins dargestellt, wodurch ihm eine tragende Rolle in allen Bereichen der irakischen Politik, Wirtschaft, Kultur und Militär zugeschrieben wird. Diese Personalisierung ist im „Spiegel" noch ausgeprägter zu erkennen als in „Profil", doch muss man an dieser Stelle auch darauf hinweisen, dass das deutsche Nachrichtenmagazin im Verlauf des Konflikts seine Berichterstattung von der anfänglich extremen Konzentration auf Hussein später auch auf andere Handlungsträgergruppen ausgeweitet hat.
Im Gegensatz dazu konzentriert sich die Berichterstattung über die USA in beiden Magazinen nicht auf die Einzelperson ihres Staatsoberhaupts, sondern verteilt sich auf mehrere Handlungsträger, wie zum Beispiel auf die amerikanischen Truppen („Spiegel") bzw. die Gruppe der US-Regierung („Profil"). Auf diese Weise wird von der amerikanischen Seite ein vielfältigeres Bild vermittelt als vom Irak und der Krieg wird zu einem Kampf zwischen den USA und Saddam Hussein.

Dies legt den Schluss nahe, dass in beiden Magazinen in erster Linie das Potential für ein Feindbild des Irak gegeben ist. Da sich der Großteil der Wahrnehmungen des Irak auf die Person Husseins beziehen, können Einschätzungen, die eigentlich nur für seine Einzelperson zutreffen, leicht auf das gesamte irakische Volk übertragen werden. Ob sich dies tatsächlich in der Konstruktion eines Feindbildes auswirkt, wird sich erst durch die gewichteten Bewertungen der einzelnen Handlungsträger zeigen.

Zur Überblick noch eine Gegenüberstellung der wichtigsten Werte:
Tabelle 7: Handlungsträgernennungen in "Spiegel" und "Profil"[7]

Handlungsträger	Spiegel	Profil
Hussein	57,90	43,93
irakische Politiker	18,42	20,56
Irakische Truppen / Republikanische Garden (inkl. Militärisches Oberkommando)	32,24	20,56
irakische Zivilbevölkerung	33,55	30,84
Bush	39,47	49,53
US-Außenminister	9,87	7,48
andere US-Politiker	11,84	9,35
Amerikanische und britische Truppen (inkl. Militärisches Oberkommando	44,08	43,93
amerikanische Zivilbevölkerung	4,61	6,54
US-Regierung	30,26	60,75

3.3. Überprüfung Hypothese 2:

Nationale Stereotype und Feindbilder drücken sich durch ein schmales Band immer wiederkehrender Vorstellungen, Eigenschaftszuschreibungen und Symbole aus. In der Presseberichterstattung lässt sich eine Konzentration auf einige wenige Merkmalsbereiche bzw. Charaktereigenschaften feststellen.

---

[7] Die Werte sind Prozentangaben, die sich auf den Anteil aller Artikel beziehen, in denen die einzelnen Handlungsträger genannt werden.

Bei der Überprüfung dieser Hypothese stellt sich zunächst heraus, dass im „Spiegel" der Prozentsatz jener Artikel, die zumindest Äußerungen zu einem der Wertungsbereiche enthalten, deutlich höher ist als in „Profil": Von den 152 untersuchten „Spiegel"-Artikeln enthalten 121 zumindest eine Bewertung, dies entspricht einem Prozentsatz von fast 80 %. Nur jeder fünfte Artikel ist demnach wertungsfrei.

Im „Profil" sind von 107 untersuchten Artikeln immerhin 42 wertungsfrei, dies entspricht rund 39 %.

Verteilung der Bewertungen auf die einzelnen Handlungsträger:
Spiegel:
Insgesamt finden sich in 20 % der untersuchten Artikel Bewertungen von George W. Bush, in 38 % der Artikel von Hussein, die USA werden in 53 % der Artikel wertend kommentiert, während Bewertungen für den Irak nur in 38 % der Artikel aufscheinen.

Aus diesen Zahlen kann man schließen, dass der „Spiegel" bei den Einzelhandlungsträgern die Kommentierung des irakischen Staatschefs wichtiger einschätzt als die nähere Beschreibung des US-Präsidenten. Im Gegensatz dazu liegen bei einer Gegenüberstellung der kriegsführenden Länder die USA mit deutlichem Abstand vor dem Irak. Dies spiegeln auch die Ergebnisse der Handlungsträgerverteilung wider: Auf irakischer Seite wird Hussein als die wichtigste Person dargestellt, während Bush auf amerikanischer Seite nur ein Akteur neben anderen ist. Daher erscheint es naheliegend, dass sich die Bewertungen auf irakischer Seite ebenfalls in erster Linie auf den Staatschef beziehen, hingegen auf amerikanischer Seite die allgemeinen Einschätzungen überwiegen.

Profil:
In „Profil" verteilen sich die Bewertungen etwas ausgeglichener: Hier enthalten rund 18 % aller untersuchten Artikel Bewertungen von US-Präsident Bush und 17 % Wertungen über Saddam Hussein. Die USA werden in 39 % der Artikel wertend kommentiert, der Irak in 23 %.

Die Bewertung in „Profil" konzentriert sich somit in erster Linie auf die kriegsbeteiligten Länder allgemein, weniger auf ihre Staatsoberhäupter. Da Bush und Hussein in beinahe gleich vielen Artikeln wertend dargestellt werden, bekommen sie dadurch auch scheinbar gleichwertige Bedeutung für den Konflikt zugesprochen.

Verteilung der Bewertungsbereiche:
Was die Häufigkeitsverteilung der bewerteten Sektoren betrifft, so werden sowohl in „Profil" als auch im „Spiegel" unabhängig vom Handlungsträger in erster Linie die Bereiche „Politik / Politisches System", „nationaler / persönlicher Charakter" und „Militär" wertend dargestellt. Die übrigen Sektoren wie „Wirtschaft" und „Kultur" finden (mit Ausnahme bei Bewertungen über den Irak) vor allem im „Spiegel" relativ wenig Bedeutung. Diese nicht sehr große Bewertungsbandbreite zeigt, dass beide Magazine das Bild der am Golfkrieg beteiligten Gruppen bzw. Personen auf wenige Eigenschaftsbereiche reduzieren.

Besonders auffällig ist diese eingeschränkte Bewertungsweise bei der Darstellung von Hussein in „Profil". Es werden nahezu ausschließlich die Politik (50%) und der persönlicher Charakter (42%) des irakischen Präsidenten bewertet, alle anderen Bewertungsbereiche bleiben mehr oder weniger ausgeblendet.
Diese Konzentration auf einzelne Wertungsaspekte führt durch die ständige Wiederholung zur Verfestigung bestimmter Urteile über den irakischen Diktator. Da die Bewertungen, wie ich später noch genauer darstellen werde, für Hussein meist negativ ausfallen, werden somit überwiegend negative Aspekte mit dem irakischen Diktator verbunden, was zur Konstruktion des Feindbildes „Saddam Hussein" führt.

Im „Spiegel" dominieren bei Hussein zwar ebenfalls die Bewertungen im Bereich „Politik" (37%) und „Charakter" (36%), dennoch werden auch die anderen Sektoren stärker berücksichtigt als in „Profil". Interessant ist dabei das annähernd gleiche Verhältnis zwischen den politischen und charakterlichen Beurteilungen des irakischen Diktators. Dies kann dahingehend interpretiert werden, dass der „Spiegel" eine enge Verbindung zwischen Husseins Persönlichkeit und seiner Art der Politikführung sieht. Ein Beweis dafür ist die häufige Kombination von charakterlichen und politischen Beschreibungen, wenn Hussein zum Beispiel als „paranoider Despot" (Spiegel 16/03: 28) bezeichnet wird.

Im Vergleich zu Hussein liegt bei US-Präsidenten Bush sowohl in „Profil" als auch im „Spiegel" der Bewertungsschwerpunkt im Bereich Politik (Spiegel: 40 %, Profil: 48%); auf seinen Charakter beziehen sich hingegen nur ein knappes Drittel aller wertenden Aussagen. Dies legt den Schluss nahe, dass bei Bush kein so starker Zusammenhang zwischen seiner Politik und seiner Persönlichkeit hergestellt wird. Er wird in diesem Konflikt in erster Linie in seiner Funktion als Politiker dargestellt, seine persönlichen Eigenschaften bekommen dabei geringere Bedeutung.

Die folgende Tabelle soll veranschaulichen, wie sich die Bewertungen der Handlungsträger auf die fünf unterschiedenen Themenbereiche verteilen.

Tabelle 8: Verteilung der Bewertungsbereiche pro Handlungsträger

	Spiegel	Profil
Bewertungsbereiche Bush:		
Politik	40,38	48,28
Wirtschaft	5,77	10,34
Militär	11,54	3,45
Kultur	11,54	6,90
Charakter	30,77	31,03
Bewertungsbereiche Hussein		
Politik	36,63	50,00
Wirtschaft	6,93	0
Militär	16,83	4,17
Kultur	3,96	4,17
Charakter	35,64	41,67
Bewertungsbereiche USA:		
Politik	28,10	36,51
Wirtschaft	9,92	9,52
Militär	32,23	23,81
Kultur	4,96	3,17
Charakter	24,79	26,98
Bewertungsbereiche Irak:		
Politik	23,86	22,86
Wirtschaft	12,5	25,71
Militär	27,27	17,14
Kultur	19,32	22,86
Charakter	17,05	11,43

Auffällig an dieser Gegenüberstellung ist, dass im „Spiegel" der Bereich „Militär" bei allen Handlungsträgern häufiger wertend dargestellt wird als in „Profil". Der „Spiegel" scheint somit der militärischen Stärke der Kriegsgegner (vor allem jener der USA) größere Bedeutung für den Konflikt zuzuschreiben als „Profil".

Vergleicht man nun die Bewertungsverteilung von „Spiegel" und „Profil" bezüglich der Handlungsträger USA und Irak, so zeigen sich die größten Unterschiede in den Bereichen Militär und Wirtschaft: Während das deutsche Nachrichtenmagazin, bei beiden

Ländern vor allem den militärischen Bereich bewertet (USA: 32%; Irak: 27%), überwiegen bei „Profil" auf irakischer Seite die Äußerungen zum Wirtschaftssektor (26%) gefolgt von Politik und Kultur (je 23%), während das Militär (17%) nur an vorletzter Stelle der Bewertungsverteilung aufscheint. Bei den USA konzentrieren sich die Einschätzungen von „Profil" auf Politik (37%), Charakter (27%) und Militär (24%).

Interessant ist auch die relative hohe Anzahl an „kulturellen Wertungen" über den Irak. Während dieser Sektor bei den USA kaum Beachtung findet, entfallen von den Bewertungen über den Irak im „Spiegel" 19 % und in „Profil" sogar 23 % auf diesen Bereich. Ich interpretiere dies als Zeichen dafür, dass beide Magazine davon ausgehen, dass die irakische Kultur mehr Erklärungen bedarf als die amerikanische, da letztere der europäischen Kultur ähnlicher ist. Dadurch wird die kulturelle Distanz, die zwischen Europa und dem Nahen Osten besteht, zusätzlich betont. Wie sich dies auf die Konstruktion von Feindbildern auswirkt, wird sich anhand der gewichteten Bewertungen zeigen.

Zusammenfassende Gesamtanalyse:
Insgesamt hat die Inhaltsanalyse in beiden Magazinen eine sehr eingeschränkte Bewertungsbandbreite gezeigt, was die Konstruktion von Feindbildern erleichtert. Da die Informationen über die Kriegsgegner auf die Bereiche Politik, Militär und Charakter reduziert sind, beziehen sich alle Einschätzungen der Konfliktparteien ausschließlich auf diese Sektoren. Andere Aspekte, die jedoch für den Verlauf des Konflikts ebenfalls von Bedeutung sein können, bleiben großteils ausgeblendet.
Lediglich bei der Bewertung des Irak wird auch der kulturelle Aspekt stärker kommentiert. Dadurch wird der Eindruck vermittelt, dass die Besonderheiten der irakischen Kultur für den Verlauf des Konflikts von Bedeutung sind, was wiederum den Eindruck der kulturellen Distanz zwischen der westlichen Welt und dem Nahen Osten verstärkt. Alte Feindbilder, die in diesem Zusammenhang weit verbreitet sind, werden auf diese Weise aktualisiert.
Wie sich jedoch die Bewertungen konkret für die einzelnen Handlungsträger auswirken und ob es dabei zur Konstruktion von

Feindbildern kommt, wird sich bei der Analyse der gewichteten Bewertungen zeigen.

3.4. Überprüfung Hypothese 3 + 4:
- Jene Handlungsträger, die überdurchschnittlich häufig im Zusammenhang mit negativen Bewertungen erwähnt werden, werden zu einem Feindbild. Jene Handlungsträger, die überdurchschnittlich oft positiv dargestellt werden, symbolisieren das Freundbild.
- Freund- und Feindbilder (Autostereotype und Heterostereotype) konstituieren sich gegenseitig. Dadurch besteht ein Zusammenhang zwischen der Häufigkeit und Intensität der Bewertungsprofile der gegnerischen Handlungsträger.

Auf Grund des engen Zusammenhangs, der zwischen diesen beiden Hypothesen besteht, möchte ich die Ergebnisse ebenfalls gemeinsam präsentieren.

Zunächst wurden alle wertenden Aussagen über die Handlungsträger Bush, Hussein, USA und Irak auf einer 5-stufigen Skala eingeordnet. Die Werte beziehen sich dabei nicht auf einzelne Aussagen innerhalb eines Artikels, sondern stellen den Gesamteindruck eines Artikels dar, d.h. kamen in einem Artikel mehrere Äußerungen zu einem Bewertungsbereich des gleichen Handlungsträgers vor, so wurde hier ein Durchschnittswert für den gesamten Artikel codiert, um den Gesamteindruck festzuhalten.

Bevor ich nun näher auf die einzelnen Bewertungsprofile eingehe, möchte ich kurz die Skalierungsweise, die schon bei der Vorstellung der Hypothesen näher erläutert wurde, anhand einiger Bewertungsbeispiele veranschaulichen:

-2:
- „Saddam und seine Söhne regierten mit Folter und Massenmorden, schwelgten in perversem Luxus und pflegten obskure Beziehungen zu Deutschland."
(Spiegel 25/03: 142)
- „Zur selben Zeit mutierte Bush zum planetarischen Buhmann." (Profil 18/03:81)

- „diplomatisches Fiasko der Bush-Administration" (Profil 13/03: 21)

-1:
- „Saddams Vorbereitungen für den vollmundig angekündigten Endkampf um Bagdad nennt der im Stadtkampf erfahrene Truppenführer [der israelische Oberst a.D. Gal Luft / B.K.] ´kläglich – keine Gräben, keine Barrikaden, keine Stellungen für Scharfschützen, keine Sprengstoff-Fallen und nicht einmal Minen´." (Spiegel 16/03: S.21)

0:
- „der amerikanische Präsident George W. Bush" (Spiegel 20/03: 30)

+1:
- „´Selbst in dieser schwierigen Stunde vergisst Präsident Saddam Hussein seine Leute in Palästina nicht´, tönte Ibrahim Saanin, Generalsekretär der Pro-Saddam-Front im Gaza-Streifen." (Spiegel 13/03: 42)

+2:
- „Saddam modernisierte den Irak, unter anderem durch Bildungskampagnen ..." (Spiegel 16/03: 28)
- „Angesichts der drückenden Überlegenheit der Supermacht schien jedoch auch Tikrits Schicksal längst entschieden." (Spiegel 16/03: S.21)

Eine solche Skalierung kann, wie bereits thematisiert, nie als objektiv im wissenschaftlichen Sinne gesehen werden. Die daraus gewonnenen Erkenntnisse können daher auch nicht verallgemeinert werden. Durch die einheitliche Verwendung dieses Bewertungsschemas sollte es jedoch zumindest möglich sein, gewisse Tendenzen innerhalb der Berichterstattung aufzuzeigen und so die beiden Nachrichtenmagazine vergleichbar machen.

Bewertungsprofile:
Einzelauswertung: Spiegel
Insgesamt zeigt sich im „Spiegel" eine sehr negative Bewertungstendenz, da alle Handlungsträger überwiegend negativ bewertet werden. Anhand der Bewertungsindizes zeigt sich jedoch, dass die irakische Seite eindeutig stärker abgewertet wird als die amerikanische.

Mit Abstand an der Spitze dieser „Abwertungsliste" steht Saddam Hussein, gefolgt vom Irak allgemein. Die Bewertungen für Bush und die USA fallen zwar ebenfalls negativ aus, liegen aber stets deutlich hinter jenen ihres Kriegsgegners. Bei einer Gegenüberstellung der Konfliktgegner erscheinen somit die USA und Bush „weniger schlecht" als ihre Kontrahenten, was die Konstruktion eines Feindbildes von Hussein und dem Irak fördert.

Die folgende Tabelle soll die Verteilung der gewichteten Bewertungen je Handlungsträger darstellen:

Tabelle 9: Bewertungsskala der untersuchten Artikel im „Spiegel"[8]

Handlungsträger	+2	+1	0	-1	-2	Bewertungsindex[9]
Bush	1,06	0,28	93,18	1,98	3,56	-6,84
Hussein	0,66	0,28	86,72	2,12	9,88	-19,87
USA	4,5	1,06	84,08	5,66	4,76	-5,13
Irak	1,44	0,68	88,42	2,24	7,24	-13,16

Diese Verteilung zeigt noch einmal sehr deutlich, dass bei allen Handlungsträgern die Bewertungen im negativen Bereich überwiegen. Eine gegenseitige Konstitution von Freund- und Feindbildern, indem eine Kriegsseite durchwegs positiv und die gegnerische Seite gleichzeitig negativ eingeschätzt wird, findet daher nicht statt.

---

[8] Anzahl der Bewertungen verteilt auf einer Skala von -2 bis +2 dividiert durch die Gesamtzahl aller Artikel

[9] Dieser Bewertungsindex berechnet sich aus der Summe der gewichteten Bewertungen dividiert durch ein Hundertstel der Summe aller möglichen Bewertungen (Spiegel: 760).

Ein interessantes Detail an dieser Gegenüberstellung ist die Verteilung der Bewertungen der USA: Hier halten sich die von den Journalisten vermittelten positiven und negativen Einschätzungen die Waage. Ausschlaggebend für die dennoch insgesamt negative Bewertung waren hier somit die Äußerungen von USA-Gegnern bzw. -Kritikern, die der „Spiegel" in Form von Zitaten oder Interviews vermittelt hat. [10]
Bei den anderen Handlungsträgern spielen die Äußerungen von Konkurrenten bzw. Kritikern keine so entscheidende Rolle für die Gesamteinschätzung.

Zusammenfassend lässt sich sagen, dass der „Spiegel" in seiner Berichterstattung an beiden Konfliktgegner deutlich Kritik übt. Ein besonders negatives Bild wird dabei vom Irak und Hussein vermittelt. Die negativen Bewertungen der USA und Bush fallen im Vergleich dazu so gering aus, dass sie nur wenig Bedeutung bekommen. Auf diese Weise entsteht trotz durchwegs negativer Einschätzung aller Handlungsträger eine Polarisierung zwischen der „weniger schlechten" amerikanischen Seite und der „eindeutig negativen" irakischen Seite. Was die Konstruktion eines Feindbildes betrifft, kann man daher davon ausgehen, dass hier vor allem für ein Feindbild Husseins Potential vorhanden ist.
Hinsichtlich meiner Hypothese 4 konnte im „Spiegel" kein eindeutiger Zusammenhang zwischen der Konstruktion von Freund- und Feindbildern festgestellt werden, da beide Kriegsseiten unabhängig voneinander eindeutig negativ bewertet werden.

Einzelanalyse Profil:
Auch in „Profil" fällt die Mehrzahl der Bewertungen für alle Handlungsträger negativ aus. Interessant ist dabei jedoch, dass „Profil" die amerikanische Seite etwas negativer darstellt als ihre irakischen Kontrahenten.

Was die Bewertung der Einzelpersonen angeht, so fallen die Unterschiede zwischen Bush und Hussein relativ gering aus. Die beiden Handlungsträger sind fast gleich häufig Gegenstand journalistischer

---

[10] Anmerkung: Diese Bewertungen wurden gemäß der Codiervorschriften in der Rubrik -1 erfasst

Bewertung und auch die negativen Einschätzungen von Bush liegen nur geringfügig über jenen Husseins. Auf diese Weise wird keiner der beiden eindeutig als der „Böse" dargestellt und es kann somit von keiner einseitigen Feindbildkonstruktion gesprochen werden.

Im Vergleich zwischen den allgemeinen Einschätzungen von USA und Irak fällt die Differenz der Bewertungsindizes deutlicher aus, als zwischen ihren beiden Staatsoberhäuptern: Die USA wird mit Abstand negativer dargestellt als der Irak, wodurch die Amerikaner stärker auf die Seite der „Bösen" rutschen als ihr Kriegsgegner. Dies legt den Schluss nahe, dass „Profil" anscheinend das Verhalten der USA im Golfkonflikt stärker missbilligt als jenes der irakischen Seite. Man kann dies als Zeichen für eine antiamerikanische Haltung von „Profil" interpretieren.

Wie die Bewertungen im Detail aussehen, soll folgende Tabelle veranschaulichen:
Tabelle 10: Bewertungsskala in den untersuchten Artikeln von „Profil"[11]

Handlungsträger	+2	+1	0	-1	-2	Bewertungsindex[12]
Bush	0,18	0,18	94,58	1,12	3,94	-8,41
Hussein	0	0,38	95,54	1,3	2,78	-6,54
USA	2,98	0	88,22	3,74	5,04	-7,85
Irak	1,5	0,92	93,46	1,12	2,98	-3,18

Diese Verteilung zeigt, dass in „Profil" für die Bewertungen aller Handlungsträger in erster Linie die von den Journalisten geäußerten Einschätzungen ausschlaggebend sind. Kritik, die in Zitaten von den jeweiligen Kontrahenten geäußert wird, wirkt zwar bei der insgesamt negativen Einschätzung mit, hat aber stets untergeordnete Bedeutung.

---

[11] Anzahl der Bewertungen verteilt auf einer Skala von -2 bis +2 dividiert durch die Gesamtzahl aller Artikel
[12] Dieser Bewertungsindex berechnet sich aus der Summe der gewichteten Bewertungen dividiert durch ein Hundertstel der Summe aller möglichen Bewertungen (Profil: 535)

Bezüglich meiner vierten Hypothese über die gegenseitige Konstitution von Freund- und Feindbildern, zeigt sich in „Profil" kein Zusammenhang bei den positiven und negativen Bewertungen zwischen den beiden Konfliktparteien. Daraus kann man schließen, dass die Bewertung der einzelnen Handlungsträgergruppen unabhängig von der jeweiligen Gegengruppe vorgenommen wird.

Zusammenfassende Gesamtanalyse:
Das folgende Diagramm soll noch einmal die Unterschiede der Bewertungen in „Spiegel" und „Profil" veranschaulichen:
Diagramm 1: Bewertungsindizes von „Spiegel" und „Profil" im Vergleich

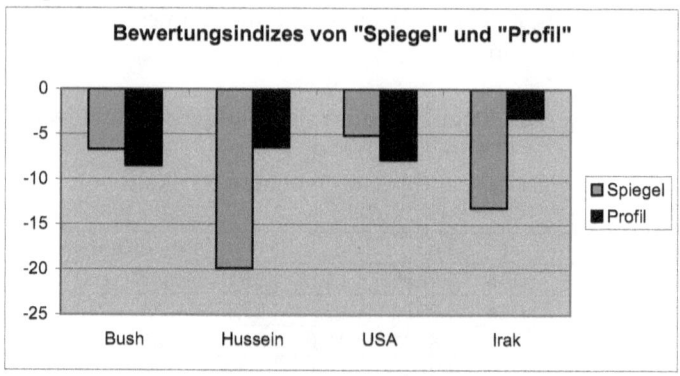

Diese graphische Darstellung zeigt sehr eindeutig, dass die Bewertungen in „Profil" insgesamt weniger stark ausfallen als im „Spiegel". Zudem erkennt man an den Verhältnissen der Balken eine extrem anti-irakische Haltung des „Spiegels", während „Profil" eher zu einer anti-amerikanische Position tendiert.

Meine Hypothese, dass im deutschen „Spiegel" die in Deutschland stark ausgeprägte Anti-Amerika-Stimmung auch in der Berichterstattung Niederschlag findet, hat sich in diesem Punkt somit nicht bestätigt. „Profil" hingegen vermittelt durch seine zurückhaltende Bewertung insgesamt ein vergleichsweise eher neutrales Bild mit leichter antiamerikanischen Ausrichtung.

Bezüglich meiner vierten Hypothese konnte weder in „Profil" noch im „Spiegel" ein eindeutiger Zusammenhang zwischen den positiven und negativen Bewertungen der beiden Konfliktparteien festgestellt werden. Dies zeigt, dass die Darstellung jeder Handlungsträgergruppe in beiden Magazinen unabhängig von den Bewertungen der jeweiligen Konkurrenten erfolgt ist.

3.5. Überprüfung der Hypothese 5:

Im Hinblick auf die Produktion von Feindbildern sind Häufigkeit und Intensität der Bewertungen je nach journalistischer Gattung unterschiedlich.

Zur Überprüfung dieser Hypothese habe ich die Anzahl aller Wertungen innerhalb der untersuchten Magazine für jede journalistische Gattung getrennt nach Handlungsträger ermittelt.

Zunächst möchte ich jedoch anhand des folgenden Diagramms noch einmal die Verteilung der journalistischen Gattungen innerhalb der untersuchten Artikel veranschaulichen:

Diagramm 2: Anteil der journalistischen Gattungen innerhalb der untersuchten Artikel von „Spiegel" und „Profil"

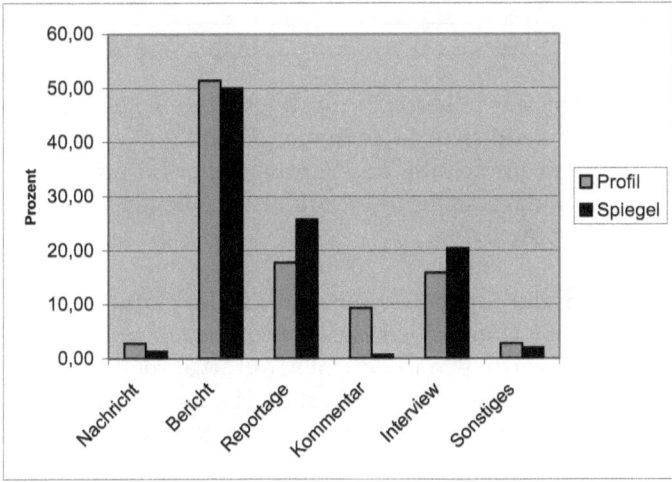

Dieses Diagramm zeigt sehr eindeutig, dass der Großteil der Berichterstattung über den Golfkonflikt in „Spiegel" (50%) und „Profil" (51%) in Form von Berichten erfolgt ist. An zweiter und dritter Stelle liegen Reportagen (Spiegel 26%, Profil 18%) und Interviews (Spiegel 20%, Profil 16%). Interessant ist der Stellenwert von Kommentaren, der in „Profil" (9%) deutlich höher liegt als im „Spiegel" (1%). Unter die Rubrik „Sonstiges" fallen vor allem Zeittabellen, die den Verlauf des Konflikts im Überblick darstellen.

Um nun zur Überprüfung meiner Hypothese 5 die einzelnen Gattungen hinsichtlich der Häufigkeit von Bewertungen besser vergleichbar zu machen, habe ich für jede Gattung berechnet, wie viele Bewertungsbereiche pro Artikel durchschnittlich positiv oder negativ erwähnt werden:[13]

Tabelle 11: Durchschnittliche Anzahl kommentierter Bewertungsbereiche je journalistischer Gattung in „Spiegel" und

Gattung	Spiegel	Profil
Nachricht	0,5	0,3
Bericht	2,6	0,7
Reportage	2,2	1,0
Kommentar	5,0	0,5
Interview	2,1	2,5
Sonstiges	2,0	1,3
Mittelwert	**2,4**	**1,0**

Auf Grund der insgesamt höheren Bewertungsdichte liegen hier die Werte des „Spiegel" deutlich über jenen von „Profil":
Im „Spiegel" werden im Schnitt 2,4 Wertungsbereiche pro Artikel positiv oder negativ dargestellt, in „Profil" ist es hingegen nur ein Wertungsbereich pro Artikel.

Betrachtet man nun die Ergebnisse hinsichtlich der Gattungseinteilung, so fällt der große Unterschied zwischen „Spiegel" und „Profil" bei der Anzahl von Wertungen in Berichten auf. Während im „Spiegel" pro Bericht im Durchschnitt 2,6 Wertungsbereiche einer positiven oder negativen Beurteilung unterzogen werden, so sind es bei

---

[13] Dies betrifft alle Bewertungsbereiche, die mit -2, -1, +1 und +2 kodiert wurden

„Profil" nur 0,7 Wertungssektoren. Der „Spiegel" formuliert somit seine Berichte deutlich bewertender als „Profil".

Die hohe Anzahl der Wertungen in den Kommentaren des „Spiegel" kann nur sehr eingeschränkt interpretiert werden, da in der gesamten Berichterstattung über den Golfkonflikt nur ein einziger Kommentar vorkam und sich daher alle Ergebnis auf diesen Einzelfall konzentrieren.
Interessant ist jedoch die geringe Zahl der Bewertungen in den Kommentaren von „Profil". In den insgesamt 10 Kommentaren werden durchschnittlich nur 0,5 Wertungsbereiche positiv oder negativ eingestuft. Dies ist etwas verwunderlich, da auf Grund der journalistischen Definition der Gattungen zu erwarten war, dass die Bewertungsdichte in den Kommentaren besonders hoch ist. Dies hat sich jedoch für „Profil" nicht bestätigt, was vielleicht mit der insgesamt eher zurückhaltende Bewertung des Magazins zusammenhängt.
Die Gattung mit der höchsten Anzahl von Wertungen sind in „Profil" die Interviews. Da die wertenden Äußerungen in Interviews jedoch fast ausschließlich in den direkten Aussagen der Interviewpartner vorkommen, spiegeln diese Bewertungen nur in geringem Maße die Meinung der Journalisten von „Profil" wider.
Im „Spiegel" enthalten Interviews in etwa gleich viele Bewertungen wie die übrigen Gattungen (außer den Nachrichten).

Kaum wertende Äußerungen finden sich hingegen in beiden Magazinen in den Nachrichten. Dieses Ergebnis zeigt, dass sich sowohl der „Spiegel" als auch „Profil" sehr streng an die offizielle journalistische Definition dieser Gattung halten, laut der Nachrichten rein sachliche Darstellungen ohne persönliche Meinungsäußerung der Journalisten sein sollten.

Hinsichtlich meiner fünften Hypothese kann man daher zusammenfassend sagen, dass in der Berichterstattung von „Profil" die Anzahl der Wertungen sehr deutlich von den unterschiedlichen journalistischen Gattungen abhängt. Außer bei den Kommentaren, die eigentlich am meisten Wertungen enthalten dürften, entspricht die durchschnittliche Bewertungsdichte der Artikel ihrer jeweiligen journalistischen Gattungsdefinition. Aus diesem Grund kann meine fünfte Hypothese für „Profil" bestätigt werden.

Im „Spiegel" hingegen lässt sich, außer bei den Nachrichten, die definitionsgemäß kaum Wertungen enthalten, kein so direkter Zusammenhang zwischen journalistischen Gattungsdefinitionen und der Bewertungsdichte feststellen. Vor allem in den Berichten finden relativ häufig Einschätzungen statt, obwohl hier grundsätzlich die sachliche Information überwiegen sollte. Dies kann man aber als eine Folge der insgesamt stärker bewertenden Berichterstattung des deutschen Nachrichtenmagazins interpretieren.

3.6. Überprüfung von Hypothese 6:
Massenmediale Feindbild-Erzeugung beruht zum Teil auf einer selektiv verzerrten und unausgewogenen Berichterstattung, d.h. auf einem Mangel an Hintergrundinformationen, wie etwa Berichten über die Gründe der Golfkrise und die Absichten der Beteiligten.

Zur Überprüfung dieser Hypothese habe ich ermittelt, in welchem Ausmaß „Spiegel" und „Profil" auch die Ziele und Absichten der an der Golfkrise bzw. am Golfkrieg Beteiligten thematisiert haben. Die folgende Tabelle zeigt dies im Überblick:[14]

---

[14] Die Werte stellen den Prozentsatz der Nennungen an der Gesamtheit aller nach Anzahl der pro Magazin untersuchten Artikel und nach Anzahl der Merkmalsausprägungen möglichen Nennungen dar (V9A-V9F: „Spiegel" = 912, „Profil" = 642; V10A-V10M: „Spiegel" = 1976, „Profil" = 1391)

Tabelle 12: Erwähnungen der irakischen und amerikanischen Kriegsziele

Ziele	Spiegel	Profil
Irak:		
Ja	5,4	1,9
Nein	0	0
Nicht erwähnt	94,6	98,1
Summe	100	100
USA:		
Ja	9,3	8,0
Nein	0,5	0,3
Nicht erwähnt	90,2	91,7
Summe	100	100

An dieser Übersicht fällt zunächst einmal auf, dass in beiden Magazinen der Bereich „Nicht erwähnt" sowohl bei den Zielen des Irak als auch der USA am stärksten ausgeprägt ist. Die in den Variablen V9A bis V9F und V10A bis V10M aufgelisteten Gründe bzw. Ziele der Kriegsparteien finden also weder in der Berichterstattung von „Spiegel" noch in „Profil" große Erwähnung. Die Leser werden somit nur sehr mangelhaft über die Absichten und Ziele informiert, die hinter der Krise stehen bzw. die schließlich zum Kriegsausbruch geführt haben.

Vergleicht man nun die Häufigkeitsverteilung der Nennungen hinsichtlich der beiden Konfliktgegner so zeigt sich, dass in beiden Nachrichtenmagazinen häufiger über die Ziele der USA berichtet wird, als über jene des Irak: In „Profil" werden nur in 1,9 % aller möglichen Fälle die Motive des Irak besprochen, während jene der USA in immer 8 % genannt sind. Im „Spiegel" fällt die Differenz zwischen USA (9,3%) und dem Irak (5,4%) etwas geringer aus.
Die höhere mediale Aufmerksamkeit für die amerikanischen Kriegsabsichten im Vergleich zu irakischen Motiven dürfte unter anderem daran liegen, dass die USA im Umgang mit Medien in Krisenzeiten deutlich erfahrener ist als der Irak. Die Amerikaner wissen, dass es notwendig ist, den Medien ausreichend Informationsmaterial zur Verfügung zu stellen. Pressekonferenzen und Pressebriefings haben daher für die US-Regierung und das Militär in

Krisenzeiten eine wichtige Funktion: Auf diese Weise konnten sie auch im Golfkonflikt 2002/03 über die Medien die sich ständig ändernden Begründungen für den Kriegseinsatz an die Weltöffentlichkeit verbreiten. Auf Seiten der Iraker wurde kein derartig durchorganisiertes Medienmanagement der (westlichen) Medien betrieben. Hussein wandte sich zwar ebenfalls mittels arabischer Medien an seine Bevölkerung und rief sie immer wieder zur Verteidigung ihres Landes und zum „Heiligen Krieg" auf, doch diese Kriegsziele des Irak wurden zumindest in den westlichen Medien nicht sehr ausführlich erläutert. Am meisten Hintergrundinformationen über die irakischen Kriegsabsichten erhalten die Leser sowohl im „Spiegel" als auch in „Profil" in Reportagen, in denen die Reporter öffentliche Auftritte Husseins, bei denen er sich mit Reden an die Iraker wandte, beschreiben.

Nach diesen eher allgemeinen Aussagen über die Thematisierung von Kriegsabsichten, möchte ich im Folgenden etwas näher darauf eingehen, welche amerikanischen bzw. irakischen Ziele hauptsächlich genannt werden.

Ziele der USA:
Spiegel:
Das am häufigsten genannte Kriegsziel der Amerikaner ist mit Abstand die Beseitigung Saddam Husseins und ein damit verbundener „regime change" (in 31,6 % der Artikel erwähnt). Als weitere Kriegsabsichten der USA werden mit 17,1 % die Zerschlagung der irakischen Militärmacht und mit 13,2 % die Demokratisierung des Nahen Osten thematisiert. In ungefähr jedem zehnten Artikel werden auch noch der Schutz amerikanischer Bürger vor Husseins Massenvernichtungswaffen (11,2%), der Schutz und die Befreiung der Iraker von ihrem Diktator (10,5%) sowie die Sicherung wirtschaftlicher Interessen (9,2%) als Kriegsziel erwähnt.
Interessant ist die relativ geringe Zahl an Nennungen des Kriegsmotivs „Kampf gegen den internationalen Terrorismus", das nur in 8,6 % aller Artikel genannt wird. Erstaunlich ist dabei zudem, dass es erst kurz vor dem Kriegsausbruch (ab Zeit 2) Eingang in die Berichterstattung findet, obwohl gerade im Vorfeld des Krieges von

der US-Regierung die Bekämpfung des internationalen Terrorismus immer wieder als Grund für einen Kriegseinsatz im Irak genannt wurde. Trotzdem geben die „Spiegel"-Journalisten diesem Kriegsziel eine eher nebensächliche Bedeutung, was den Schluss nahe legt, dass die Redaktion diese Kriegsbegründung von den Amerikanern nicht übernehmen wollte. Andererseits möchte ich an dieser Stelle auch darauf hinweisen, dass durch eine Nicht-Thematisierung auch keine kritische Kommentierung stattfinden kann.

Zum Überblick die wichtigsten Daten:
Tabelle 13: Anteil der Nennung von US-Kriegszielen in allen untersuchten „Spiegel"-Artikel[15]

Ziel	Explizit Ja	Explizit Nein	Nicht erwähnt
De-Eskalation des Konflikts (Friedensbemühungen)	2	3,3	94,7
Lösung des Palästina Problems	0,7	0	99,3
Schaffung einer "neuen Weltordnung"	3,9	0	96,1
Suche der USA nach einer neuen Legitimation als Weltmacht	5,3	0	94,7
Machtgleichgewicht (Sicherheit und Stabilität) in der Region schaffen	7,2	0	92,8
Schutz bzw. Befreiung der Iraker von ihrem Diktator	10,5	0,7	88,8
Schutz amerikanischer Bürger vor Husseins Massenvernichtungswaffen ("Präventivkrieg")	11,2	0,7	88,2
Beseitigung Saddam Husseins ("regime change")	31,6	0	68,4
Zerschlagung der irakischen Militärmacht	17,1	0,7	82,2
Sicherung wirtschaftlicher Interessen (z.B.: Energiepolitik)	9,2	0,7	90,1
Wirtschaftliche Schwächung des Irak	0	0	100
Demokratisierung des Nahen Osten	13,2	0	86,8
Kampf gegen den internationalen Terrorismus	8,6	0,7	90,8

Betrachtet man die Berichterstattung des „Spiegel" im Verlauf des Konflikts, so fällt auf, dass in der Zeit unmittelbar vor Kriegsausbruch die amerikanischen Kriegsziele häufiger thematisiert werden, als in den anderen Untersuchungszeiträumen.

---

[15] Die Werte geben an, in vielen Prozent aller untersuchten Artikel das jeweilige Ziel erwähnt wurde

Interessant ist auch, wie sich die Schwerpunkte der hauptsächlich genannten Kriegsziele im Verlauf des Konflikts verlagert haben: Die Beseitigung Husseins wird in Untersuchungszeitraum 1 in 45 % der Artikel genannt, gefolgt von der Zerschlagung der irakischen Militärmacht und der Sicherung von wirtschaftlichen Interessen, die in je einem Viertel der Beiträge Erwähnung finden. Mit Ausbruch des Krieges sinkt jedoch die Zahl der Nennungen dieser Ziele. Dafür gewinnen die Aspekte „Schutz und Befreiung der Iraker von ihrem Diktator" sowie der „Demokratisierung des Nahen Osten" im Verlauf des Krieges an Bedeutung und werden in der Zeit nach dem offiziellen Kriegsende sogar am häufigsten als amerikanische Absichten genannt. Dies kann man dahingehend interpretieren, dass der „Spiegel" durch das Ende der Kampfhandlungen das ansonsten dominierende Ziel eines „regime change" bereits großteils als erfüllt sieht und sich daher auf andere von den Amerikanern genannte Absichten konzentriert.

Ziele der USA:
„Profil":
In „Profil" werden die Kriegsziele der USA auf zwei Hauptmotive konzentriert: An erster Stelle steht die Beseitigung Saddam Husseins („regime change") mit Nennungen in rund 24 % aller Artikel, dicht gefolgt von der Zerschlagung der irakischen Militärmacht (22%).
In 14% bzw. 13% der Artikel werden der Schutz amerikanischer Bürger vor Husseins Massenvernichtungswaffen bzw. die Demokratisierung des Nahen Ostens als amerikanische Kriegsziele genannt. Alle anderen Kriegsmotive werden kaum bzw. gar nicht erwähnt, was vor allem bei den Variablen V10J der Sicherung wirtschaftlicher Interessen und V10M, dem Kampf gegen den internationalen Terrorismus, etwas überrascht. Weltweit wurde nämlich gerade vor Ausbruch des Krieges immer wieder vermutet, dass die Amerikaner mit einem Krieg gegen den Irak auch wirtschaftliche Interessen verfolgen, vor allem in Hinblick auf die reichen Ölquellen im Irak. Von „Profil" wird dieser Aspekt jedoch nur sehr wenig aufgegriffen, was den Lesern eine Einschätzung dieser Problematik erschwert.
Die geringe Bedeutung, welche das Kriegsmotiv „Kampf gegen den internationalen Terrorismus" in der Berichterstattung bekommt, kann zwar als Zeichen dafür verstanden werden, dass sich „Profil"

von dieser amerikanischen Begründungsstrategie distanzieren wollte. Ich vertrete jedoch eher die Ansicht, dass es zielführender gewesen wäre, wenn auch dieses Kriegsziel der Amerikaner thematisiert und unter Umständen kritisch kommentiert worden wäre.

Als Auffälligkeit kann man auch noch die sehr geringe bzw. gar nicht vorhandene Aufmerksamkeit auf die Motive V10C, die Schaffung einer „neuen Weltordnung", sowie V10D, die Suche der USA nach einer neuen Legitimation als Weltmacht, erwähnen. Diese beiden Bereiche sind Ziele, die von den offiziellen Seiten der USA kaum genannt wurden, da sie ein eher schlechtes Licht auf die Amerikaner werfen. Dennoch wurden diese Motive der Amerikaner vor Kriegsausbruch auf der ganzen Welt immer wieder kritisch diskutiert. Doch „Profil" (ebenso wie der „Spiegel") griff diese Debatte nicht auf, was man als eine eher unkritische Haltung zu den von den Amerikanern verbreiteten Kriegsabsichten werten kann.

Die wichtigsten Daten im Überblick:
Tabelle 14: Anteil der Nennung von US-Kriegszielen in allen untersuchten „Profil"-Artikeln[16]

Ziel	Explizit Ja	Explizit Nein	Nicht erwähnt
De-Eskalation des Konflikts (Friedensbemühungen)	0,9	2,8	96,3
Lösung des Palästina Problems	3,7	0	96,3
Schaffung einer "neuen Weltordnung"	0	0	100
Suche der USA nach einer neuen Legitimation als Weltmacht	0,9	0	99,1
Machtgleichgewicht (Sicherheit und Stabilität) in der Region schaffen	5,6	0	94,4
Schutz bzw. Befreiung der Iraker von ihrem Diktator	8,4	0	91,6
Schutz amerikanischer Bürger vor Husseins Massenvernichtungswaffen ("Präventivkrieg")	14	0	86
Beseitigung Saddam Husseins ("regime change")	24,3	0	75,7
Zerschlagung der irakischen Militärmacht	21,5	0	78,5
Sicherung wirtschaftlicher Interessen (z.B.: Energiepolitik)	4,7	0	95,3
Wirtschaftliche Schwächung des Irak	0	0	100
Demokratisierung des Nahen Osten	13,1	0	86,9
Kampf gegen den internationalen Terrorismus	6,5	0,9	92,5

Wie diese Auflistung noch einmal zeigt, werden die beiden Kriegsziele „Beseitigung Husseins" und „Zerschlagung der irakischen Militärmacht" insgesamt gesehen beinahe gleich häufig genannt. Da es jedoch im Verlauf der Krise einige Verlagerung zwischen den beiden Bereichen gegeben hat, lohnt sich ein genauer Blick auf die Ergebnisse: In Untersuchungszeitraum 1 wird die Zerschlagung der

---

[16] Die Werte geben an, in vielen Prozent aller untersuchten Artikel das jeweilige Ziel erwähnt wurde

militärischen Militärmacht in 46 % der Artikel als Ziel genannt, dieser Wert fällt jedoch ab Kriegsausbruch deutlich ab und liegt in Untersuchungszeitraum 4 bei nur mehr 18 %.
Bei V10H, der Beseitigung Hussein, zeigt sich eine gegensätzliche Entwicklung. Während in Untersuchungszeitraum 1 dieser Kriegsgrund nur in 15 % der Artikel Erwähnung findet, steigert sich dieser Wert nach dem offiziellen Kriegsende auf 35 %.
Die starke Konzentration auf die Thematik rund um die militärische Abrüstung Husseins vor Ausbruch der Kriegshandlungen lässt sich dadurch erklären, dass „Profil" in dieser Phase sehr detailliert über die Waffeninspektionen und die Diskussionen über das mögliche Waffenpotential Husseins informiert hat. Mit Ausbruch des Krieges rückten die Waffeninspektionen jedoch in den Hintergrund und gleichzeitig sank dadurch die mediale Aufmerksamkeit für die militärische Macht Hussein.

Ein interessantes Detail ist auch die große Bedeutung, welche die Demokratisierung des Nahen Ostens nach dem offiziellen Kriegsende bekommt. Neben der Beseitigung Husseins wird dieses Ziel in Untersuchungszeitraum 4 in 35 % der Artikel als Hauptmotiv der Amerikaner genannt.

Zusammenfassend kann man festhalten, dass „Profil" vor allem zur Zeit der Waffeninspektionen (Zeit1) sowie in der Phase nach dem offiziellen Kriegsende (Zeit4) am genauesten auf die Ziele der Amerikaner eingegangen ist. In der Zwischenzeit, also während der Kampfhandlungen im Irak, kommen die Absichten der USA deutlich weniger zur Sprache.
Dies legt den Schluss nahe, dass „Profil" zum Kriegshöhepunkt den Schwerpunkt auf die Darstellung der Kampfhandlungen legt und dabei die Hintergründe, die beim diesem Krieg eine Rolle spielen, vernachlässigt. Erst als sich die Geschehnisse auf dem Schlachtfeld wieder beruhigt hatten, schien auch wieder mehr Platz für Erklärungen der dahinterstehenden Zusammenhänge.

Ziele des Irak:
Wie bereits oben erwähnt, werden die Ziele der Iraker in der Berichterstattung beider Magazine weniger thematisiert als jene der

Amerikaner. Während im „Spiegel" die Machterhaltung Husseins mit Nennungen in 12,5 % aller Artikel am häufigsten als Ziel genannt wird, gefolgt vom „möglichst langen Kampf mit vielen amerikanischen Opfern" (9,9%), steht in „Profil" ein „langer Kampfes mit vielen amerikanischen Opfern" mit Nennungen in 4,7 % aller Artikel an der Spitze der genannten irakischen Absichten, gefolgt von der Absicht eines „Heiligen Krieges" (2,8 %). Die Machterhaltung Husseins trat in „Profil" mit 1,9 % erst an 3. Stelle auf.

Folgende Tabelle soll den Anteil jener Artikel veranschaulichen, in denen die Ziele des Irak explizit erwähnt wurden:

Tabelle 15: Anteil der expliziten Nennung von Kriegszielen des Irak in „Spiegel" und „Profil"

Ziele	„Spiegel"	„Profil"
Machterhaltung Husseins	12,5	1,9
Langer Kampf mit vielen amerikanischen Opfern	9,9	4,7
Machtposition im Nahen Osten stärken	1,3	0,9
Verwirklichung der pan-arabischen Idee	2,0	0
„Heiliger Krieg"	4,6	2,8
Friedensbemühungen	2,0	0,9

Betrachtet man die erwähnten irakischen Ziele im Verlauf des Konflikts, so finden sie in beiden Nachrichtenmagazinen während der Kampfhandlungen (Zeit 3) sowie während der Phase der Waffeninspektionen (Zeit 1) am meisten Bedeutung.
Aussagen über die Entwicklungen bei den einzelnen genannten Zielen lassen sich in „Profil" auf Grund der sehr geringen Anzahl an Nennung insgesamt kaum machen. Und auch im „Spiegel" waren außer den beiden oben genannten Höhepunkten der Thematisierung irakischer Ziele keine auffälligen Veränderungen im Verlauf des Golfkonflikts zu erkennen.

Zusammenfassende Gesamtanalyse:
Aufgrund der insgesamt sehr geringen Anzahl an genannten Kriegszielen, muss man sagen, dass die Berichterstattung über die Hintergründe und Ziele der Kriegsparteien in „Profil" und „Spiegel" nur eingeschränkt erfolgt ist. Besonders den Kriegsmotiven auf irakischer Seite wird in beiden Magazinen nur sehr geringe mediale Aufmerksamkeit geschenkt. Der Leser erhält somit kaum Informationen, die es ihm ermöglichen, einen Eindruck von den irakischen Motiven zu bekommen. Dies kann die Unsicherheit bezüglich einer Einschätzung des Iraks bzw. der Gefahr, die von ihm ausgeht, erhöhen.
Entsprechend der Hypothese 6 lässt sich daraus für „Profil" der Rückschluss ziehen, dass durch die fast vollständige Ausblendung irakischer Kriegsziele, die Schaffung eines Feindbildes des Irak begünstigt wird. Im „Spiegel" werden zwar insgesamt die Ziele der Kriegsparteien etwas häufiger thematisiert, aber da auch hier die Absichten der irakischen Seite im Vergleich zu den US-Zielen seltener genannt werden, scheint im deutschen Nachrichtenmagazin infolge mangelhafter Hintergrundberichterstattung ebenfalls das Potential für die Konstruktion von Feindbildern gegeben zu sein.

3.7. Überprüfung der Hypothese 7

Handlungsträger, denen die Verantwortung für den Ausbruch des Konflikts bzw. für den späteren Krieg und die Schuld an anderen Ereignissen während dieser Zeit zugeschrieben wird, bekommen beim Rezipienten leicht ein Täterimage, was sich in der Konstruktion von Feindbildern auswirkt.

Zur Überprüfung dieser Hypothese soll ermittelt werden, wem die Journalisten die Verantwortung bzw. Schuld für die Eskalation der Krise, den Kriegsausbruch und die damit verbundenen Konsequenzen zuschreiben.

Bei der Auszählung der Verantwortungszuweisungen fällt auf, dass „Profil" insgesamt mit seinen Einschätzungen zurückhaltender ist als der „Spiegel": Im österreichischen Nachrichtenmagazin enthalten ca. 93 % aller Artikel keine Schuldzuweisungen, im deutschen Magazin sind es nur 88 % der Artikel. Damit ist „Profil" auf den ersten Blick scheinbar neutraler als der „Spiegel".

Bei der Verteilung der Schuldzuweisungen auf die Handlungsträger wird in beiden Magazinen den USA größere Schuld zugesprochen als dem Irak. Besonders deutlich fällt dieser Unterschied in „Profil" aus, wo die Amerikaner fast viermal so oft wie der Irak als die Schuldigen dargestellt werden. Im „Spiegel" fällt dieses Verhältnis vergleichsweise gering aus (Irak 1,6 % Schuldzuweisungen; USA 2,88% Schuldzuweisungen).
Insgesamt kann man diese ungleiche Schuldzuweisung aber als eindeutigen Ausdruck einer antiamerikanischen Haltung der beiden Magazine interpretieren, die in „Profil" trotz insgesamt geringer Anzahl an Schuldzuweisungen bei der Gegenüberstellung der beiden Kriegsparteien noch stärker zum Tragen kommt.
Meine Annahme, dass der „Spiegel" auf Grund der starken Antikriegs- und Anti-Amerika-Stimmung, die in Deutschland herrschte, den Amerikanern mehr Schuld zusprechen würde als „Profil", scheint sich somit nicht zu bestätigen.

Tabelle 16: Schuldzuweisungen (insgesamt) an die Konfliktgegner in „Spiegel" und „Profil"[17]

Schuldzuweisung an:	„Spiegel"	„Profil"
Irak	1,64	0,82
USA	2,88	3,04
Beide	7,24	3,15
Nicht erwähnt	88,24	92,99

Einzelanalyse Spiegel:
Insgesamt fällt auf, dass der „Spiegel", wenn er Schuldzuweisungen vornimmt, diese meist beiden Kriegsseiten gemeinsam zuschreibt.

---

[17] Diese Werte berechnen sich aus der Summe der Anzahl aller Artikel, die einem der Handlungsträger in den Variablen V11A bis V11H Verantwortung zuschreiben, dividiert durch ein Hundertstel aller möglichen Verantwortungszuschreibungen (Multiplikation der Gesamtzahl aller untersuchten Artikel mit den 8 Items der Variable V11, d.h. für „Spiegel" 1216 mögliche Verantwortungszuschreibungen; für „Profil" 856 mögliche Verantwortungszuschreibungen)

Einzelschuldzuweisungen an den Irak bzw. die USA erfolgen vergleichsweise selten.

Interessant ist auch ein Blick auf die Veränderungen der Schuldzuweisungen im Verlauf des Konflikts: Während der „Spiegel" in der Phase unmittelbar vor Kriegsausbruch (Zeit 2) sowie in der Phase nach Ende des Kriegshöhepunkts (Zeit 4) mit Vorwürfen insgesamt eher vorsichtig agiert, erfolgen in Zeitraum 5 die meisten Schuldzuweisungen: In dieser Phase werden in immerhin 20,45 % aller möglichen Fälle Vorwürfe geäußert, wobei der Großteil davon auf den Bereich „Beide" fällt (14,77%).

Da jedoch für die Konstruktion von Feindbildern vor allem das Verhältnis der Schuldzuweisungen der beiden Kriegsgegner ausschlaggebend ist, möchte ich im Folgenden darauf noch etwas genauer eingehen.
Betrachtete man die Vorwürfe an die beiden Kriegsgegner im Verlauf des Konflikts, so zeigt sich eine interessante Verlagerung: Wird dem Irak in Untersuchungszeitraum 1 zwar noch mehr Verantwortung für die Krisensituation zugeschrieben als den USA (Zeit 1: Schuldzuweisungen Irak in 2,5 % der möglichen Fälle, USA in 1,25% der möglichen Fälle), so gleichen sich diese Werte unmittelbar vor Kriegsausbruch an (Zeit 2: beide 0,76%), bevor schließlich mit Beginn der Kampfhandlungen die USA doppelt so oft wie der Irak als „Schuldige" dargestellt werden (Zeit 3: Irak 2,46%; USA 5,36%). Auch in der Zeit nach dem offiziellen Kriegsende wird den USA häufiger als dem Irak die Verantwortung für die genannten Konsequenzen zugeschrieben. (Zeit 5: Irak: 2,27%; USA: 3,41 %).

Aus diesen Ergebnissen kann man schließen, dass sich die eher kritische Einstellung des „Spiegel" zu den Amerikanern erst im Verlauf des Krieges gesteigert hat und ihren Höhepunkt zu Beginn der Kampfhandlungen fand, wo den USA die Hauptschuld an der Eskalation des Konflikts bzw. dem Kriegsausbruch zuschrieben wird.

Einzelanalyse „Profil":
Auf Grund der insgesamt sehr geringen Anzahl an Schuldzuweisungen in „Profil" lassen sich nur begrenzt Aussagen über Verände-

rungstendenzen im Verlauf des Konflikts machen. Auffällig ist in erster Linie, dass dem Irak lediglich in der Zeit unmittelbar vor Kriegsausbruch (Zeit 2: 0,5%) bzw. zum Höhepunkt des Krieges (Zeit 3: 1,5%) in geringem Ausmaß Vorwürfe gemacht werden. Diese Zahlen haben jedoch kaum Bedeutung, da den USA in der gleichen Zeit dreimal so oft Schuld zugesprochen wird (Zeit 2: 1,5%; Zeit 3: 4,5%). Vorwürfe an beide Kriegsparteien gemeinsam, finden vor allem von Anfang März bis Mitte Mai (Zeit 3 + 4) statt. Dies ist auch der Zeitraum, in dem „Profil" insgesamt die meisten Schuldzuweisungen vornimmt.

Trotz der allgemein eher geringen Zahl von Schuldzuweisungen in „Profil", bekommen die USA im Vergleich zu ihrem Kriegsgegner Irak ein stärkeres Täterimage. Dies bestätigt die insgesamt vorherrschende antiamerikanische Haltung des österreichischen Magazins.

Zu welchen Bereichen erfolgen die meisten Schuldzuweisungen?
Die bisherigen Aussagen bezogen sich immer auf Schuldzuweisungen insgesamt. Es lohnt sich aber auch, den unterschiedlichen Stellenwert bestimmter Einzelitems der Schuldzuweisungen zu untersuchen.
Vorab sei bereits gesagt, dass in beiden Magazinen die Verantwortungspunkte V11C Wirtschaftliche Folgen sowie V11D Ökologische Folgen kaum genannt werden. In „Profil" finden zudem die Punkte V11E Infrastrukturelle Schäden, V11A Politische Chaos/ Unruhen sowie V11H Ausbruch des Krieges kaum Beachtung. Die geringe Zahl der Äußerungen zur Schuld für den Kriegsausbruch mag im ersten Moment überraschen, erklärt sich aber dadurch, dass „Profil" den Schwerpunkt seiner Schuldzuweisungen auf die Eskalation des Konflikts legt und dabei die Verantwortlichkeit für den Kriegsausbruch nicht extra kommentiert.
Auch im „Spiegel" finden sich etwas mehr Äußerungen zur Schuld für die Eskalation des Konflikts als für den eigentlichen Kriegsausbruch.

Da aber genau diese beiden Bereiche bei der Einschätzung der Konfliktgegner im Golfkrieg 2002/03 eine große Rolle spielen dürften, möchte ich speziell auf die Verteilung der Schuldzuweisungen für

die Eskalation des Konflikts sowie den späteren Kriegsausbruch eingehen:
In „Profil" stellt der Verantwortungspunkt V11A Kriegsausbruch den am häufigsten kommentierten Bereich dar. Äußerungen dazu finden sich in 15% aller Artikel, in 12,1 % der Artikel wird dabei den USA die Schuld für die Eskalation zugeschrieben. Ein ähnliches Verhältnis zeigt sich auch beim Item V11H Kriegsausbruch: Vorwürfe dazu gibt es zwar nur in 7,5 % aller untersuchten Artikel, die USA werden dabei jedoch in 6,4% aller Artikel für den Kriegsbeginn verantwortlich gemacht.
Auch im „Spiegel" bekommen die USA eindeutig die Hauptschuld am Kriegsbeginn (USA: 5,9%, Irak: 0,7%) sowie in abgeschwächter Form an der Eskalation des Golfkonflikts (USA: 6,6%; Irak: 2,0%). Zum letzteren Verantwortungspunkt muss man aber sagen, dass hier in 5,9 % aller Artikel auch den beiden Kriegsgegnern gemeinsam Schuld für die Eskalation zugesprochen wird.

Zum besseren Überblick noch einmal die wichtigsten Daten dieser Einzelitems:
Tabelle 17: Einzelitems der Schuldzuweisungen an die Konfliktgegner in „Spiegel" und „Profil"

Schuldzuweisung	„Spiegel"	„Profil"
Eskalation des Konflikts:		
Irak	2,0	0,9
USA	6,6	12,1
Beide	5,9	1,9
Keine Schuldzuweisung	85,5	85,1
Kriegsausbruch:		
Irak	0,7	0,9
USA	5,9	5,6
Beiden	2,6	0,9
Keine Schuldzuweisung	90,8	92,5

Diese Werte machen deutlich, wen die beiden Magazine als den Hauptverantwortlichen für die Eskalation der Krise und den Kriegsausbruch sehen. Nahe liegender Weise finden die meisten Schuldzuweisungen zu diesen beiden Items in Untersuchungszeitraum 3, also der Zeit des Kriegsausbruchs, statt. Die im „Spiegel" im

Vergleich zu „Profil" geringfügig höhere Kritik an der irakischen Verhaltensweise im Zusammenhang mit der Eskalation des Konflikts erklärt sich dadurch, dass das deutsche Magazin dem Irak in Untersuchungszeitraum 1 noch größere Schuld an der Zuspitzung der Krise zugesprochen hat, als den USA. Ab Ende Jänner 2003 (Zeit 2) werden aber auch im „Spiegel" die Amerikaner zu den Hauptschuldigen für die Eskalation des Konflikts. Man kann somit festhalten, dass im deutschen Magazin zwar anfangs der Irak als der „Böse" dargestellt wird, der unter anderem durch mangelnde Kooperationsbereitschaft mit den Waffeninspektoren an der Zuspitzung des Konflikts Schuld ist, dass aber schließlich mit Kriegsausbruch die USA den „schwarzen Peter" bekommen.

„Profil" bleibt hingegen seiner Berichterstattungslinie im Verlauf des gesamten Konflikts treu, indem die Amerikaner von Beginn an die Hauptschuld an der Eskalation bekommen. Durch die eindeutige Position bei der Schuldzuweisung unterstützt „Profil" den oft geäußerten Vorwurf, dass der Krieg im Irak von den USA „intensiv gewollt und langfristig und zielstrebig vorbereitet" (Sponeck/ Zumach: 2003: 11) wurde. Dies ist ein weiterer Beweis für die antiamerikanische Haltung des österreichischen Magazins.

Der „Spiegel" ist hingegen mit einer einseitigen Schuldzuweisung etwas vorsichtiger, indem meist beide Kriegsparteien gemeinsam verantwortlich gemacht werden bzw. die Unterschiede bei den Einzelschuldzuweisungen zwischen den USA und dem Irak nicht so deutlich ausfallen, wie in „Profil".

Militärische und zivile Opfer:
Relativ viele Schuldzuweisungen erfolgen auch für die Items V11F Militärische Opfer und V11G Zivile Opfer. Die Hauptschuld für diese beiden Bereiche wird jedoch zum Großteil beiden Kriegsparteien gemeinsam zugeschrieben, die Werte für die Einzelschuld der USA bzw. des Irak unterscheiden sich nicht (außer bei den zivilen Opfern, wo der „Spiegel" dem Irak etwas mehr Verantwortung zuschreibt als den USA)

Hier die Daten im Überblick:
Tabelle 18: Einzelitems der Schuldzuweisungen über Opfer an die Konfliktgegner in „Spiegel" und „Profil"

Schuldzuweisung	„Spiegel"	„Profil"
Militärische Opfer:		
Irak	0,7	0
USA	0,7	0
Beide	15,8	9,3
Keine Schuldzuweisung	82,9	90,7
Zivile Opfer:		
Irak	2,6	0,9
USA	1,3	0,9
Beiden	14,5	8,4
Keine Schuldzuweisung	81,6	89,7

Diese Zahlen legen den Schluss nahe, dass weder „Spiegel" noch „Profil" die von den Amerikanern verbreitete Propaganda von ihren punktgenau treffenden Präzisionswaffen, mit denen zivile Opfer verhindert werden können, unterstützt hat. Der USA wird hier genauso viel Schuld an Kriegsopfern zugeschrieben, wie den Irakern.

Zusammenfassende Gesamtanalyse:
Obwohl der „Spiegel" insgesamt häufiger Schuldzuweisungen vornimmt als „Profil", wird dabei keiner der Kriegskontrahenten eindeutig als Haupttäter dargestellt, sondern meist beziehen sich die Vorwürfe auf beide gemeinsam. Es findet somit auch keine Polarisierung in „Gute" und „Böse" statt, wodurch hier gemäß der Hypothese 7 von keinem einseitigen Feindbild die Rede sein kann.

„Profil" ist zwar insgesamt mit den Vorwürfen etwas zurückhaltender als „Spiegel", doch bei den Einzelschuldzuweisungen werden die USA im Vergleich zum Irak häufiger als Schuldige dargestellt. Damit wird die von den Amerikanern verbreitete Propaganda ihrer „Retter-Funktion" für den Irak und die Welt, in „Profil" nicht übernommen bzw. sogar ad absurdum geführt. Der Irak wird zwar auch nicht als „Unschuldslamm" oder „Opfer der Amerikaner" dargestellt, da viele Vorwürfe an beide Kriegsparteien gemeinsam gehen, dennoch wird er nicht, wie im Golfkrieg 1991 als der alleinige

Hauptverantwortliche präsentiert. Von einer Polarisierung in Freund- und Feindseite und einer damit verbundenen Feindbildkonstruktion der USA möchte ich zwar nicht sprechen, dennoch verstärkt „Profil" durch die ungleiche Schuldzuweisung seine antiamerikanische Haltung.

Meine Hypothese, dass eine antiamerikanische Position im „Spiegel" stärker zum Ausdruck kommt als in „Profil", hat sich somit auch hier nicht bestätigt.

IV. Schlussbetrachtung

Medien haben vor allem in Krisen- und Kriegszeiten die wichtige Aufgabe den Rezipienten eine Einschätzung der Konfliktsituation und der daran beteiligten Personen bzw. Länder zu ermöglichen. Die Öffentlichkeit ist dabei auf die medial vermittelten Bilder und Informationen angewiesen, da ihnen meist der direkte Einblick ins Krisengebiet verwehrt bleibt. Auf diese Weise bestimmen die Medien zu einem großen Teil, wie die Konfliktgegner eines Krieges von der Öffentlichkeit eingeschätzt werden.

Wie sich im Kapitel über die Methoden der Feindbildkonstruktion gezeigt hat, müssen die Journalisten bei der Auswahl ihrer Nachrichten und der Verwendung sprachlicher Mittel sehr vorsichtig sein, um tatsächlich ein objektives Bild eines Konflikts vermitteln zu können.
Dies wird noch zusätzlich dadurch erschwert, dass die Kriegsgegner versuchen, durch Zensur und Propaganda die Medien für eigene Zwecke zu instrumentalisieren. Inwieweit diese Strategien der Informationslenkung erfolgreich sind, hängt unter anderem von politischen Positionierungen, ökonomischen Überlegungen und strukturellen Bedingungen der Medien sowie persönlichen Dispositionen und Einstellungen der Journalisten ab.

Unabhängig von diesen Beeinflussungen durch Propagandamaßnahmen tritt aber auch immer wieder der Fall ein, dass Reporter, ihre journalistische Aufgabe in erster Linie in der Kritik an bestehenden Verhältnissen sehen und daher quasi-politisch aktiv werden wollen, d.h. sie versuchen durch die Art ihrer Berichterstattung die Einschätzung über gewisse Personen oder Völker gezielt zu lenken. Auf diese Weise werden die Medien selbst zu Konstrukteuren von Stereotypen und Feindbildern.

Da gerade bei der Einschätzung medialer Berichte über Kriegssituationen immer wieder darauf hingewiesen werden sollte, dass es sich bei den medial vermittelten Informationen nie um Abbilder der Wirklichkeit handeln kann, sondern immer nur um eine durch die Nachrichtenauswahl und die begrenzten Darstellungsmöglichkeiten konstruierte Medienrealität, die zudem von Propaganda und Zensur beeinflusst wird, sollte im Rahmen meiner Inhaltsanalyse auch nicht überprüft werden, inwieweit „Spiegel" oder „Profil" die tatsächlichen Kriegsgeschehnisse vermitteln konnten, sondern im Mittelpunkt des Erkenntnisinteresses stand die Position, welche die beiden Nachrichtenmagazine in der Berichterstattung über den Golfkonflikt 2002/2003 bezogen haben.

Resümierend ergaben sich dabei für „Spiegel" und „Profil" folgende Ergebnisse:
Beide Magazine zeigten eine sehr kritische Haltung sowohl gegenüber der irakischen Seite als auch gegenüber den USA, was sich vor allem in der durchwegs negativen Bewertung dieser Handlungsträger zeigte.
Interessant für meine Untersuchung war dabei, dass im „Spiegel" die irakische Seite und vor allem der irakische Diktator Saddam Hussein deutlich negativer bewertet wurden als die amerikanischen Kontrahenten. Gepaart mit der starken Personalisierungstendenz auf die Person von Hussein zeigte sich somit in der „Spiegel"-Berichterstattung ein eindeutiges Feindbildpotential auf irakischer Seite, das jedoch auf Grund des Fehlens eines positiv bewerten Freundbildes kaum Bedeutung bekam.

„Profil" konzentrierte sich in seiner Berichterstattung eindeutig auf amerikanische Handlungsträger und unterzog diese auch einer negativeren Bewertung als die irakischen Kontrahenten. Saddam Hussein und der Irak allgemein wurden vergleichsweise selten als Handlungsträger genannt, wodurch der Eindruck entstand, dass sie für den Verlauf des Konflikts nur von geringer Bedeutung waren. Dies spiegelte sich auch in den Schuldzuweisungen wider, von denen der Großteil auf die USA entfiel. Resümierend kann man daher „Profil" im Vergleich zum „Spiegel" eine sehr antiamerikanische Position in der Berichterstattung zuweisen. Somit hat sich meine Annahme, dass im deutschen Magazin auf Grund der von der Politik eindeutig artikulierten Anti-Kriegshaltung des Landes die antiamerikanische Position stärker zum Ausdruck kommt als im österreichischen Magazin, nicht bestätigt.

Überprüft man die Feindbildkonstruktion in der Berichterstattung über den Golfkonflikt 2002/2003 gemäß der Theorie, dass Feindbilder nur zusammen mit einem Freundbild auftreten können, so kann weder in „Spiegel" noch in „Profil" von einem eindeutigen Freund-Feind-Schema gesprochen werden, da sowohl der Irak als auch die USA durchgehend negativ bewertet wurden.
Ausschlaggebend für dieses Fehlen eines einseitigen Feindbildes war sicherlich die weltweit herrschende Anti-Kriegs- und großteils auch Anti-Amerika-Stimmung. Diese Situation dürfte die Unterschiede zur Berichterstattung im Golfkonflikt 1991 erklären: Damals waren die meisten Ländern von der Notwendigkeit einer militärischen Intervention gegen den Irak überzeugt und unterstützten daher die Kriegspläne der USA. Dies spiegelte sich, wie Analysen ergeben haben, auch in der Kriegsberichterstattung der deutschsprachigen Medien wider: Hussein wurde damals als der Hauptschuldige, als der „Böse" in diesem Konflikt dargestellt, während die USA bzw. die alliierten Gruppen als die „guten Retter" die Aufgabe hatten, die Welt von diesem „Tyrannen" zu befreien.

Als Kritikpunkt an der Berichterstattung beider Magazine möchte ich an dieser Stelle noch die sehr eingeschränkte Bewertungsbandbreite und mangelhafte Hintergrundberichterstattung über die Kriegsziele der Kontrahenten anführen. Vor allem die Darstellungen der irakischen Seite waren sowohl in „Spiegel" als auch in „Profil" sehr stark auf die Person Saddam Husseins konzentriert und die Bewertungen bezogen sich dabei fast ausschließlich auf seine politischen und charakterlichen Aspekte.
Auffällig bei der Bewertung des Irak allgemein war darüber hinaus die starke Kommentierung kultureller Aspekte, was die Unterschiede zwischen westlicher Welt und islamischer Völker hervorhob. Auf diese Weise wurde vor allem in „Profil" das in westlichen Ländern herrschende stereotype Bild der arabischen Welt, demzufolge die Angehörige dieser Völker fanatische Glaubenseiferer und ihre Herrscher blutrünstige und irrationale Tyrannen sind, aktualisiert.

Abschließend kann man daher festhalten, dass obwohl in beiden Magazinen in der Berichterstattung über den Golfkonflikt 2002/2003 kein so eindeutiges Freund-Feind-Schema nachgewiesen werden konnte, wie es in ähnlichen Untersuchungen zum Golfkonflikt 1991 geschehen ist, dennoch in beiden Magazinen ein gewisses Potenzial für Stereotype, Vorurteile und Feindbilder erkennbar ist. Insgesamt wurde durch die geringe Zahl an Hintergrundberichten über die Absichten der Kriegskontrahenten, die Konzentration auf einen Haupthandlungsträger auf irakischer Seite und die sehr eingeschränkte Bewertungsbandbreite der Kriegsgegner nur ein eingeschränktes Bild der Kriegssituation vermittelt.

V. Literatur

- Arens, Karlpeter (1973): Manipulation. Kommunikationspsychologische Untersuchung mit Beispielen aus Zeitungen des Springer-Konzerns. 2. Auflage, Berlin, (Schriftenreihe zur Publizistikwissenschaft 3)
- Atteslander, Peter (2000): Methoden der empirischen Sozialforschung. 9. neu bearbeitete und erweiterte Auflage. Berlin, New York
- Bergler, Reinhold (1966): Psychologie stereotypischer Systeme. Beitrag zur Sozial- und Entwicklungspsychologie. Bern, Stuttgart
- Bessler, Hansjörg (1972): Aussagenanalyse. Die Messung von Einstellungen im Text der Aussagen von Massenmedien. 2. Auflage, Düsseldorf
- Burkart, Roland (1998): Kommunikationswissenschaft. Grundlagen und Problemfelder. Umrisse einer interdisziplinären Sozialwissenschaft. 3. überarbeitete und aktualisierte Auflage, Wien
- Davis, Earl (1964): Zum gegenwärtigen Stand der Vorurteilsforschung. In: Vorurteil – Ihre Erforschung und Bekämpfung. Frankfurt, (Politische Psychologie Band 3)
- Dedaić, Mirjana N./ Nelson, Daniel N. (2003): At War with Words. Berlin, New York, (Language, Power and Social Process 10)
- Dombrowsky, Wolf R.(1991): Krisenkommunikation. Problemstand, Fallstudien und Empfehlungen, Jülich
- Dominikowski, Thomas (1993): Massenmedien und „Massen"-krieg. Historische Annäherungen an eine unfriedliche Symbiose. In: Löffelholz, Martin (Hrsg.): Krieg als Medienereignis. Grundlagen und Perspektiven der Krisenkommunikation, Opladen: 33-48
- Donsbach, Wolfgang (1982): Legitimationsprobleme des Journalismus. Gesellschaftliche Rolle der Massenmedien und berufliche Einstellungen von Journalisten. Freiburg (u.a.)
- Duden Fremdwörterbuch (1997). Band 5., 6. überarbeitete und erweiterte Auflage. Mannheim, Wien, Zürich

- Festinger, Leon (1957): A theory of cognitive dissonance. Evanston, Ill. (u.a.)
- Fetcher, Iring (1989): Feindbild – Freundbild und Realismus in der Politik. In: Psychosozial. 12. Jahrgang: 9-18
- Fleischhauer, Jan u.a. (2003): Reporter in Kampfmontur. Spiegel 14/03: 198-200
- Foggensteiner, Alexander (1993): Reporter im Krieg. Was sie denken, was sie fühlen, wie sie arbeiten, Wien
- Früh, Werner (1991): Inhaltsanalyse. Theorie und Praxis. 3. überarbeitete Auflage, München
- Glotz, Peter / Langenbucher, Wolfgang R. (1993): Der missachtete Leser. Zur Kritik der deutschen Presse. München
- Görke, Alexander (1993): Den Medien vertrauen? Glaubwürdigkeitskonzepte in der Krise. In: Löffelholz, Martin (Hrsg.): Krieg als Medienereignis. Grundlagen und Perspektiven der Krisenkommunikation, Opladen: 127-144
- Hajos, Anton (1977): Wahrnehmung. In: Hermann, Theo u.a. (Hrsg.): Handbuch psychologischer Grundbegriffe. München: 528-540
- Harle, Vilho (2000): The Enemy with a Thousand Faces. The Tradition of the Other in Western Political Thought and History. Westport
- Heine, Peter (1996): Konflikt der Kulturen oder Feindbild Islam. Alte Vorurteile – neue Klischees – reale Gefahren, Wien
- Hornig, Frank (2003): Zwischen den Fronten. In: Spiegel 16/03: 160-162
- Hoyng, Hans u.a. (2003): Frieden aus dem Pentagon. In: Spiegel 16/03: 16-26
- Keen, Sam (1993): Gesichter des Bösen. Über die Entstehung unserer Feindbilder. Aus dem Amerikan. übersetzt von Rüdiger Runge, München
- Kempf, Wilhelm (Hrsg.) (1994): Manipulierte Wirklichkeiten. Medienpsychologische Untersuchungen der bundesdeutschen Presseberichterstattung im Golfkrieg. Münster u.a.
- Kilian, Martin (2003): Patrioten an der Front. In: Profil 09/03: 112-116
- Kloss, Stephan (2003): Mein Bagdad-Tagebuch. Als Kriegsreporter im Brennpunkt Irak. Frankfurt am Main

- Kohlhammer, Siegfried (1996): Die Feinde und die Freunde des Islam. Göttingen
- Koschwitz, Hansjürgen (1979): Internationale Publizistik und Massenkommunikation. Aufriss historischer Entwicklungen und gegenwärtiger Trends. In: Publizistik, 29. Jahrgang: 458-483
- Kromrey, Helmut (1998): Empirische Sozialforschung. Modelle und Methoden der Datenerhebung und Datenauswertung, Opladen
- Lippert, Ekkehard / Wakenhut, Roland (1978): Zur Zentralität von Einstellungen. In: Zeitschrift für Soziologie. 7. Jahrgang 1/1978: 87-96
- Lippmann, Walter (1964): Die öffentliche Meinung. München
- Löffelholz, Martin (Hrsg.): Krieg als Medienereignis. Grundlagen und Perspektiven der Krisenkommunikation, Opladen
- Mac Arthur, John (1993): Die Schlacht der Lügen. Wie die USA den Golfkrieg verkauften. . Aus dem Amerikanischen. von Friedrich Griese . - Deutsche Erstausgabe, 3. Auflage, München
- Meier, Werner A. (1996): Die Informationstätigkeit der Medien in Krisenzeiten unter besonderer Berücksichtigung des Golfkrieges. In: Meier, Werner A. / Schanne, Michael (Hrsg.): Gesellschaftliche Risiken in den Medien. Zur Rolle des Journalismus bei der Wahrnehmung und Bewältigung gesellschaftlicher Risiken. Zürich: 143-165
- Oerter, Rolf (1978): Struktur und Wandlung von Werthaltungen. (Studienausgabe - pädagogisch-psychologische Forschungen), München / Wien
- Osang, Alexander (2003): Die Jessica-Lynch-Show. In: Spiegel 24/03: 64-68
- Ostermann, Änne / Nicklas, Hans (1976): Vorurteile und Feindbilder. 1. Auflage, München / Berlin / Wien
- Quasthoff, Uta (1973): Soziales Vorurteil und Kommunikation. Eine sprachwissenschaftliche Analyse des Stereotyps: ein interdisziplinärer Versuch im Bereich von Linguistik, Sozialwissenschaft und Psychologie. Königstein
- Rados, Antonia (2003): Live aus Bagdad. Das Tagebuch einer Kriegs-Reporterin, München

- Reljic, Dusan (2002): Der Kosovo-Krieg und die deutschen Medien. Situationen, in denen gelogen wird. In: Albrecht, Ulrich / Becker, Jörg (Hrsg.): Medien zwischen Krieg und Frieden. Schriftenreihe der Arbeitsgemeinschaft für Friedens- und Konfliktforschung. Baden-Baden: 64-95
- Ringler, Verena (2003): Widerstand im Land. In: Profil 10/03: 97
- Rucktäschel, Annamaria (1972): Sprache und Gesellschaft. München
- Ruhrmann Georg (1989): Rezipient und Nachricht. Struktur und Prozess der Nachrichtenrekonstruktion. Opladen
- Ruhrmann, Georg (1993): Ist Aktualität noch aktuell? Journalistische Selektivität und ihre Folgen. In: Löffelholz, Martin (Hrsg.): Krieg als Medienereignis. Grundlagen und Perspektiven der Krisenkommunikation, Opladen: 81-96
- Schmidt, Siegfried J. (1972): Sprache und Politik. Zum Postulat rationalen politischen Handelns. In: Rucktäschel, Annamaria (Hrsg.): Sprache und Gesellschaft. München
- Schönpflug, Wolfgang (1989): Psychologie. Allgemeine Psychologie und ihre Verzweigungen in die Entwicklungs-, Persönlichkeits- und Sozialpsychologie. Ein Lehrbuch für das Grundstudium. 2. durchgesehene Auflage, München
- Schulz, Winfried (1989): Massenmedien und Realität. Die „ptolemäische" und die „kopernikanische" Auffassung. In: Kaase, Max / Schulz Winfried (Hrsg.): Massenkommunikation. Theorien, Methoden, Befunde. Kölner Zeitschrift für Soziologie und Sozialpsychologie. Sonderheft 30, Opladen: 135-149
- Schulz, Winfried (1990): Die Konstruktion von Realität in den Nachrichtenmedien. Analyse aktueller Berichterstattung. 2. Auflage. München
- Sodhi, Kripal S. / Bergius, Rudolf (1953): Nationale Vorurteile. Eine sozialpsychologische Untersuchung an 881 Personen, Berlin (Forschungen zur Sozialpsychologie und Ethnologie Band 1)
- Solomon, Norman / Erlich, Reese (2003): Angriffsziel Irak. Wie die Medien uns den Krieg verkaufen. München
- Sommer, Gert/ Kempf, Wilhelm: Zur Relevanz von Feindbildern – am Beispiel des Golfkrieges. Der inszenierte Krieg. Me-

dienberichterstattung und psychologische Kriegsführung im Golfkrieg, in: http://www.uni-muenster.de/PeaCon/wuf/wf-91/9131402m.htm (Stand 20.3.2004)
- Spillmann, Kurt und Kati (1989): Feindbilder. Hintergründe, Funktion und Möglichkeit ihres Abbaus. In: Beiträge zur Konfliktforschung. Psycho-politische Aspekte, 19. Jahrgang, 4/1989: 19-45
- Spillmann, Kurt und Kati (1990). Feindbilder: Entstehung, Funktion und Möglichkeiten ihres Abbaus. (o.O.), 253-284, (Internationale Schulbuchforschung 12)
- Staab, Joachim (1990): Nachrichtenwert-Theorie. Formale Struktur und empirischer Gehalt. Freiburg, München
- Supp, Barbara (2003): Die Schärfe der Details. In: Spiegel 19/03: 88
- Virilio, Paul (1991): Krieg und Fernsehen. Aus dem Französischen von Bernd Wilczek, München / Wien
- Von Sponeck, Hans / Zumach, Andreas (2003): Irak – Chronik eines gewollten Krieges. Wie die Weltöffentlichkeit manipuliert und das Völkerrecht gebrochen wird. Köln

VI. Anhang
Anweisungen zum Codiervorgang:

V1 Name der Zeitung
  Profil (1)
  Spiegel (2)

V2 Ausgabe

V3 Seite

V4 Nummer des Artikels

V5 Journalistische Gattung:
  Nachricht (1)
  Bericht (2)
  Reportage (3)
  Kommentar (4)
  Interview (5)
  Sonstige Beiträge (6)

V6 Quelle der Meldung
  Eigener Bericht (1)
  Agenturmeldung (2)
  Kombination (3)
  Gastkommentar (4)
  Nicht angegeben (0)

V7 Thema des Artikels (Summencode möglich)
  Politisch (1)
  Militärisch (2)
  Wirtschaftlich (4)
  Ökologisch (8)
  „Human Touch" (16)
  anderes (32)

V8 Handlungsträger (siehe Namensliste; bis zu 6 Handlungsträger möglich, nach Wichtigkeit reihen)
  H1
  H2

H3
H4
H5
H6

V9 Ziele / Absichten des Irak
  Explizit ja (1)
  Explizit nein (2)
  Nicht erwähnt (3)
V9A Machterhaltung Saddams
V9B Möglichst langer Krieg mit vielen Opfern um Amerikanern zu schaden
V9C Machtposition des Irak im Nahen Osten stärken
V9D Verwirklichung der panarabischen Idee unter der Führung des Irak bzw. Saddam Husseins
V9E Kampf des Islams gegen die westliche Welt in einem Heiligen Krieg (religiöse Motive)
V9F Friedensbemühungen
V9G Anderes
V10 Ziele / Absichten der USA/ Bush
  Explizit ja (1)
  Explizit nein (2)
  Nicht erwähnt (3)

V10A De-Eskalation des Konflikts (Friedensbemühungen)
V10B Lösung des Palästina-Problems
V10C Schaffung einer „neuen Weltordnung"
V10D Suche der USA nach einer neuen Legitimation als Weltmacht
V10E Machtgleichgewicht (Sicherheit und Stabilität) in der Region schaffen
V10F Schutz bzw. Befreiung der Iraker von ihrem Diktator
V10G Schutz amerikanischer Bürger vor Husseins Massenvernichtungswaffen („Präventivkrieg")
V10H Beseitigung Saddam Husseins („regime change")
V10I Zerschlagung der irakischen Militärmacht (auch Nuklear- und Chemiewaffenpotential)
V10J Sicherung wirtschaftlicher Interessen (Energiepolitik)
V10K Wirtschaftliche Schwächung des Irak
V10L Demokratisierung des Nahen Osten
V10M Kampf gegen den internationalen Terrorismus
V10N Anderes (bitte anführen)

V11 Verantwortung / Schuldzuweisung
    Irak (1)
    USA (2)
    Beiden (3)
    Keine Angaben (4)

V11A Eskalation des Konflikts (durch Scheitern der Verhandlungen); Verschärfung militärischer Aktionen
V11B Politisches Chaos / Unruhen / Plünderungen
V11C wirtschaftliche Folgen des Konflikts (z.B.: Explosion des Erdölpreises)
V11D Ökologische Folgen des Krieges (brennende Ölquellen)
V11E Infrastrukturelle Folgen (zerstörte Städte, Versorgung mit Wasser, Strom, Lebensmittel)
V11F militärische Opfer
V11G zivile Opfer
V11H Ausbruch des Krieges
V11I Anderes (bitte anführen)

V12 Verwendung von:
    „wir", „die Welt" (1)
    „die anderen" (2)
    beides (3)
    keines (4)

BEWERTUNGEN:
V13 politisches System / Verhalten
    Positiv (2)
    Positiv aber durch nahe stehenden Kommentator (1)
    Neutral/ nicht erwähnt (0)
    Negativ aber durch Kommentar vom Gegner (-1)
    Negativ (-2)

V13A Bush
V13B Hussein
V13C Amerika
V13D Irak

V14 Wirtschaft / Technologie / Wissenschaft
    Positiv (2)
    Positiv aber durch nahe stehenden Kommentator (1)

Neutral/ nicht erwähnt (0)
Negativ aber durch Kommentar vom Gegner (-1)
Negativ (-2)

V14A Bush
V14B Hussein
V14C Amerika
V14D Irak

V15 Militär
Positiv (2)
Positiv aber durch nahe stehenden Kommentator (1)
Neutral/ nicht erwähnt (0)
Negativ aber durch Kommentar vom Gegner (-1)
Negativ (-2)

V15A Bush
V15B Hussein
V15C Amerika
V15D Irak

V16 Kultur / Ideologie / Wertesystem
Positiv (2)
Positiv aber durch nahe stehenden Kommentator (1)
Neutral/ nicht erwähnt (0)
Negativ aber durch Kommentar vom Gegner (-1)
Negativ (-2)
V16A Bush
V16B Hussein
V16C Amerika
V16D Irak

V17 nationaler und persönlicher Charakter
Positiv (2)
Positiv aber durch nahe stehenden Kommentator (1)
Neutral/ nicht erwähnt (0)
Negativ aber durch Kommentar vom Gegner (-1)
Negativ (-2)

V17A Bush
V17B Hussein

V17C Amerika
V17D Irak

V18 anderes

Namensliste:
Saddam Hussein (11)
Irakischer Außenminister (12)
Andere irakische Politiker (13)
Irakische Truppen / Republikanische Garden (inklusive militärisches Oberkommando) (15)
Irakische Zivilbevölkerung (16)

George W. Bush (21)
US-Außenminister (22)
Andere amerikanische Politiker (23)
Amerikanische und britische Truppen (inklusive militärisches Oberkommando) (25)
Amerikanische Zivilbevölkerung (26)
US-Regierung / Bush-Administration (27)

UNO-Sicherheitsrat (30)
Kofi Annan (31)
UN-Waffeninspekteure (32)

Führende britische Politiker (33)
Führende französische Politiker (43)
Führende deutsche Politiker (53)
Führende sowjetische Politiker (63)
Führende spanische Politiker (73)
Führende Politiker im Nahen Osten (83)
Führende österreichische Politiker (93)

Kuwaitische Zivilbevölkerung (76)
Zivilbevölkerung im Nahen Osten (86)

Andere (97)
Keine weiteren Handlungsträger (99)

www.ingramcontent.com/pod-product-compliance
Lightning Source LLC
Chambersburg PA
CBHW030443300426
44112CB00009B/1145